进口苹果外表比较漂亮，但不一定比国产苹果安全。因为苹果是秋天成熟，新鲜苹果在国内销售无需用保鲜剂处理，而远渡重洋来的外国苹果一般都需要经过打蜡等保鲜处理，进入中国市场时新鲜度也打了折扣。

新鲜苹果的表面虽然有一层天然果蜡和薄薄的果粉，但是并非光可鉴人。为了提高商品价值并延缓苹果的失水，常用打蜡机对苹果进行上光，并可能用保鲜剂进行处理，所以对于表面特别漂亮发亮的苹果，尤其是反季节苹果，最好削皮后再吃。

正常草莓(右上图)多呈圆锥形，如果形状太奇怪就要谨慎。激素草莓(左上图)上色不均匀、光泽度差，而且底部果柄处的颜色青红分明；正常草莓表面的芝麻粒(种子)是金黄色的，如果连芝麻粒都是红艳艳的，就要警惕了。正常草莓果肉鲜红，很少空腔；激素草莓轻易就能掰开，果肉颜色发白，空腔较多。正常草莓甜度高且甜味分布均匀；激素草莓吃起来寡淡无味、闻着不香。

“毒皮蛋”(见右图)是用工业用硫酸铜浸泡制成，长期大量食用这种皮蛋容易引起重金属中毒，引发贫血、记忆力下降、胃肠道及肝肾损伤等症状。其中，镉易引起皮肤病变、神经、消化和心血管系统障碍，铅对神经系统和血液系统都有一定的影响，砷可抑制人体一些酶的活性，同时对血管壁有直接损伤。

正常的海带整片色泽应为自然绿，切割部位的创面呈微绿白色，而染色海带的切面与整片海带一样为鲜绿色，但是其褶皱处会与其他地方有色差。

把海带加醋烹煮，如果绿色是来自于叶绿素，叶绿素遇酸会褪色变成浅橄榄绿色；如果海带没有变色，可知绿色是染出来的。

规范的果汁、蔬菜汁饮品标签上有明确的产品名称、配料表、产品标准号、保质期、净含量、制造者（或经销者）的名称和地址、产地、营养成分表、生产日期、QS标志等，且会标明(原)果汁含量、(原)蔬菜汁含量。添加食糖的果汁，则会在产品名称的邻近部位清晰地标明“加糖”字样。

凡不带果肉的透明型饮料，应清澈透明，无任何漂浮物和沉淀物；不带果肉且不透明型饮料，应均匀一致，不分层，不得产生浑浊；果肉型饮料，可见不规则的细微果肉，允许有沉淀。瓶装或罐装饮料的瓶口、瓶身不得有糖渍和污物，软包装饮料手捏不变形，瓶盖、罐身不得凸起，产品包装无渗漏和胀包现象。

很多固体饮料或速溶饮品的配料中都会有“植脂末”，它通常是用葡萄糖浆、氢化植物油和酪蛋白酸钠配成，其中含有稳定剂、乳化剂和抗结剂等三类食品添加剂，而氢化植物油就含有反式脂肪。反式脂肪又名反式脂肪酸，一般是由植物油经过部分氢化处理产生的。与一般植物油相比，反式脂肪具有耐高温、不易变质、存放更久等优点。但医学研究显示，经常食用反式脂肪含量高的食品易增加人患心血管疾病的风险，摄入过多的反式脂肪酸可能会诱发肿瘤、哮喘、糖尿病、过敏等疾病，对青少年发育有不利影响。

黄曲霉毒素作为霉菌产生的次生代谢产物，被证明对人和动物的肝脏、肾脏等组织和器官具有很大的危害，黄曲霉素 B1 的毒性是氰化钾的 10 倍、敌敌畏的 100 倍，毒性非常强。实验表明，其致癌所需时间最短仅为 24 周。也正因为此，黄曲霉毒素被我国卫生部门和国际卫生组织列为强致癌物质。食用被黄曲霉毒素污染严重的食品后可出现发热、腹痛、呕吐、食欲减退，严重者在 2 至 3 周内出现肝脾肿大、肝区疼痛、皮肤黏膜黄染、腹水、下肢浮肿及肝功能异常等中毒性肝病的表现，也可能出现心脏扩大、肺水肿，甚至痉挛、昏迷等症状。

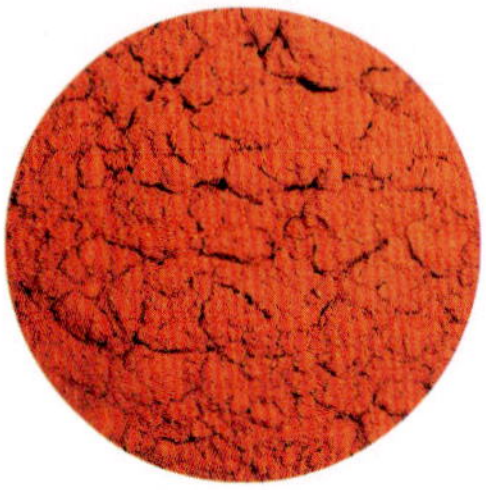

苏丹红是一种人工合成的红色染料，常作为工业染料被广泛用于溶剂、油、蜡、汽油的增色以及鞋、地板等增光方面，它主要有Ⅰ、Ⅱ、Ⅲ和Ⅳ四种类型。肝脏是苏丹红产生致癌性的主要靶器官。此外，苏丹红还可引起膀胱、脾脏等脏器的肿瘤。苏丹红Ⅰ具有致敏性，可引起人体皮炎。偶尔摄入含有少量苏丹红的食品，引起的致癌性危险不大，但如果经常摄入含较高剂量苏丹红的食品就会增加致癌风险。2008年，卫生部在发布的《食品中可能违法添加的非食用物质名单（第一批）》中明确将苏丹红Ⅰ号列入非食用物质。

福尔马林是甲醛的水溶液，是蛋白质凝固剂。它是一种慢性中毒药物，长期接触低剂量的福尔马林会引起慢性呼吸道疾病、女性月经紊乱、新生儿体质降低甚至鼻咽癌等病症。高浓度的福尔马林对神经系统、免疫系统、肝脏等都有毒害作用。在水产品加工中，为了产品防腐、确保色泽鲜亮，有不法商家会违规使用福尔马林。购买腐竹、毛血旺等制品时尤其要当心。

365生活指导丛书

安全食品选购指导手册

刘　杰　郝涤非等　编著

苏州大学出版社
Soochow University Press

图书在版编目(CIP)数据

安全食品选购指导手册 / 刘杰等编著. —苏州：苏州大学出版社，2015. 1(2015.12重印)
(365 生活指导丛书)
ISBN 978-7-5672-0771-4

Ⅰ. ①安… Ⅱ. ①刘… Ⅲ. ①食品—选购—手册
Ⅳ. ①F768. 2-62

中国版本图书馆 CIP 数据核字(2014)第 283491 号

书　　名：安全食品选购指导手册

编　　著：刘　杰　郝涤非等
策　　划：刘　海
责任编辑：刘　海
装帧设计：刘　俊

出版发行：苏州大学出版社(Soochow University Press)
出 版 人：张建初
社　　址：苏州市十梓街 1 号　邮编：215006
印　　刷：扬中市印刷有限公司
E-mail　：Liuwang@suda. edu. cn　QQ：64826224
邮购热线：0512-67480030
销售热线：0512-65225020

开　　本：630 mm×960 mm　1/16　印张 13　彩插 2　字数 167 千
版　　次：2015 年 1 月第 1 版
印　　次：2015 年12月第 2 次印刷
书　　号：ISBN 978-7-5672-0771-4
定　　价：29.00 元

买得安全才能吃得安全

——策划人语

民以食为天，随着中国民众生活水平的日益提高，尽情享受色、香、味俱全的美食成为国人的幸福之一。不过，近些年来，食品安全问题却开始困扰民众：国内外发生了那么多起食品安全事件，我们还能享受到安全食品吗？安全的食品在哪里？哪些食品是不安全的？怎样才能买到安全的食品？食品成分表上的添加剂可怕吗？遇到转基因食品该怎么办？怎样才能选到可靠的绿色食品和有机食品呢？针对此，本书策划编辑特邀江苏食品药品职业技术学院的刘杰、郝涤非、侯会绒、张丽芳、姜英杰、单联刚、杨福臣、万细妹等老师编写了该手册，从多方面指导读者朋友选购安全食品。

为了便于读者朋友读懂、学会，本手册中的选购技巧都立足于易学易操作，语言通俗易懂，并配有直观的示意图片。

需要特别说明的是，食品安全是一个相对的概念，有不少食品对大多数人来说是安全的，而对另一些人来说却是不安全的甚至是致命的，因此，本书特地从相对安全这个角度对食品的选购宜忌作了针对性的介绍。

希望这本小册子能够有效地帮助亲爱的读者朋友买到放心食材、吃上放心食品，让厨房和餐桌成为享受美好生活、提升幸福指数的好地方。

选购食品10项注意

* 查看经营者是否有营业执照，其主体资格是否合法。

* 查看食品包装标识是否齐全，留心食品外包装是否标明商品名称、配料表、净含量、厂名、厂址、电话、生产日期、保质期、产品标准号等内容。

* 查看食品的生产日期及保质期限，留心食品是否超过保质期。

* 查看产品标签，注意区分认证标志。

* 观察食品的色泽，不要被外观过于鲜艳、卖相好的食品所迷惑。

* 观察散装食品经营者的卫生状况，注意其有无健康证、卫生合格证等相关证照及防蝇防尘等设施。

* 查看食品价格，注意同类、同种食品的市场比价，理性购买“打折”“低价”或“促销”食品。

* 最好到规范的市场和“放心店”购买肉制品、腌腊制品，慎购游商（无固定营业场所、推车销售）销售的食品。

* 妥善保管好购物凭据及相关依据，以便在发生消费争议时能够提供维权依据。

* 不购买和食用“三无”产品。

目 录

粮食制品选购篇

果蔬选购篇

肉制品选购篇

蛋制品选购篇

乳制品选购篇

水产品选购篇

调味品选购篇

饼干选购篇

糕点选购篇

饮料选购篇

方便食品选购篇

酒类选购篇

茶叶及其制品选购篇

冷冻饮品和速冻食品选购篇

热点话题篇

粮食制品选购篇

识别质量安全标识

选购各类粮食制品时，首先应该识别 QS 标识。QS 是英文 Quality Safety（质量安全）的缩写。我国国家质量监督检验检疫总局规定，实施生产许可的食品，出厂前必须加（印）贴“QS”标志，没有该标志的，不得出厂销售。食品生产企业要获得“QS”标志必须经过国家质量监督部门审批。粮食加工品的 QS 编号由 12 位阿拉伯数字组成，前 4 位为受理机关，中间 4 位为产品类别，后 4 位为获证企业序号。目前，粮食加工品的产品类别编号（中间 4 位）有 4 种：分别是 0101（小麦粉）、0102（大米）、0103（挂面）和 0104（其他粮食加工品）。

QS 标识图标

选购面粉一定要当心增白剂和滑石粉

购买面粉时最担心的是买到有增白剂和滑石粉的“毒面粉”，如果按照下面的方法来选购，就可以减少“中招”的机会：

（1）看面粉的包装标识和色泽。先查看外包装是否标明厂名、生产日期、地址、保质期等内容，尽可能选用注明不含增白剂的面粉。再看面粉的色泽，精度较高的高筋面粉色泽白净，标准粉的色泽略带淡黄，色泽较深的面粉质量一般较差。面粉颜色越白，说明加工精度越高，但维生素的含量也就越低。如果保存时间过长或受潮，面粉的颜色会加深，品质也会降低。

（2）闻气味。正常的面粉闻起来有麦香味，略带香甜味；而添加剂过量、超过保质期、受污染的面粉则没有麦香味，甚至有异味，比如霉味或酸苦味，这样的面粉不宜选购。

（3）用嘴尝。取适量面粉放入口中咀嚼1分钟，口感好、不牙碜、不粘牙的为好面粉；在口中成团、牙碜、粘牙、有异味的是劣质面粉。

（4）用手搓捻。如果手感绵软，表明质量较好；如果感觉过分光滑，说明质量较差，有掺了滑石粉的嫌疑；如果有结块的现象，说明面粉储存时间过长或已变质。

（5）用手捏。用手抓一把面粉使劲一捏，然后松开，如果手感滑爽且面粉能散开表明含水量正常，如果手握紧时面粉成团久而不散则说明面粉含水量过高。

保存面粉的小窍门

面粉是所有粮食制品中最容易生虫的。尤其在潮湿闷热的夏季，面粉不仅容易生虫，还很容易吸潮结块，甚至发霉。用密封塑料袋保存面粉，可以让面粉与空气隔绝，这样面粉既不容易生虫，也不会返潮发霉。

如果短期内不食用，将面粉放在冰箱冷冻室里保存是防止面粉变质的好办法。

关于面粉增白剂

常见的面粉增白剂有过氧化苯甲酰和过氧化钙。使用增白剂主要是为了加快面粉的熟化，即缩短后熟时间。因为新磨的面粉黏性大，缺乏弹性和韧性，做出的面点容易出现色暗、易塌陷收缩及组织不均匀等现象，蒸出的馒头发黏，口感也不好。但这些现象在面粉储藏一段时间后就会改善，这就是后熟。面粉自然后熟的时间一般需要20～30天，而添加过氧化苯甲酰之后，2天左右就可完成后熟，面粉的白度也会得到明显的提高。

面粉增白剂是20世纪80年代被引入中国的，关于它的争议始终不断。主张使用的一方认为，面粉自然后熟需要时间太长，而添加过氧化苯甲酰可大大缩短熟化周期。这样，不仅增加了面粉的白度，而且也符合面制品（馒头、面包等）生产的工艺要求，同时还降低了因面粉长期贮存而带来的霉变风险（尤其是在湿度较大的南方）。主张禁用的一方认为它只有增白作用，对面粉质量并无实质性的提高，而且过氧化苯甲酰在面粉中水解生成的活性氧和苯甲酸，会破坏面粉中维生素的营养价值，同时，人体摄入苯甲酸后需经肝脏解毒，加重肝脏负担，过量摄入还会引起健康问题。主张禁用的一方还认为，随着小麦品种的改良和面粉加工工艺水平的提高，现有的加工工艺已能够满足面粉白度的需要，而且中国消费者普遍要求面粉保留其原有的色、香、味和营养成分，尽量减少化学物质的摄入有利于人体健康。

鉴于国内面粉加工业在技术上难以保证增白剂添加均匀，加上不能排除少数企业为了提高白度而超标滥用，更有一些不法厂商为降低成本，将滑石粉添加到面粉中，甚至用甲醛次硫酸氢钠（俗称吊白块）来代替过氧化苯甲酰添加到面粉中，严重危害了消费者的身体健康（滑石粉与吊白块均不属于食品添加剂，吊白块是工业用漂白剂，对人体有强致癌作用），2011年，卫生部明确发文要求自2011年5月1日起，禁止在面粉生产中添加过氧化苯甲酰、过氧化钙，并禁止食品添加剂生产企业生产销售面粉增白剂。

大米的安全性其实还是蛮高的

大米的安全性相对较高，但质量水平（等级）差别较大，常见的质量安全问题有以下三个方面：

黄粒米超标。米粒变黄是由于大米中某些营养成分在一定的条件下发生了化学反应，或者是由大米粒中的微生物所引起。黄粒米香味和口感都较差，GB 1354-2009《大米》中规定黄粒米含量标准为≤1.0%（强制性要求）。

水分超标。大米的水分与大米的食用品质及保存期限密切相关，当大米的水分在15%左右时，食用品质最佳；水分超标的大米极易发生霉变。

重金属超标（原料粮被污染）。最典型和备受关注的就是2013年5月报道的"镉大米事件"。

案例

镉大米事件

镉大米，即指镉含量超标的大米。镉通常通过工业废水排入环境中，再通过灌溉被植物吸收。过度使用化肥是导致镉超标的原因之一，一些磷肥和复合肥中镉含量超标，土壤和作物很容易就吸收到不易被移除的镉。此外，空气污染也会导致水稻在生长过程中吸收大量的镉。

镉是一种重金属元素，通过大米等食物摄取镉，属于"长期小剂量"，主要会对肾脏和骨骼造成危害，易诱发"骨痛病"，导致肾脏无法正常工作，而且过多摄入镉，还会产生"拮抗作用"，妨碍微量元素——锌的吸收。

安全选购技巧

一般来说，质量好的大米颗粒整齐，富有光泽，比较干燥，无米虫，无沙粒，米灰极少，碎米极少，有股清香味，无霉变味；质量差的大米有背沟即竖纹，有腹白即乳白色的白点，黄粒米较多，可能有黑色或褐色斑点，含有沙粒或石粒，碎米较多，有异味等。

购买大米时可从“六看”入手：

(1) 看硬度。大米粒硬度是由蛋白质含量决定的，米的硬度越强，蛋白质含量越高，透明度也越好。一般新米比陈米硬，水分低的米比水分高的米硬，晚粳米比早粳米硬。

(2) 看腹白。大米腹部常有一个不透明的白斑，在大米粒中心部分的白斑被称为“心白”，在外腹的则被称为“外白”。腹白部分米质蛋白质含量较低，含淀粉较多。一般含水分过高、收获后未经后熟和不够成熟的稻谷，腹白较大。

(3) 看爆腰。爆腰是由于大米在干燥过程中发生急热现象后，米粒内外失去平衡造成的。爆腰米食用时外烂里生，营养价值降低。所以选米时要仔细观察米粒表面，如果米粒上出现一条或多条横裂纹，就说明是爆腰米。

(4) 看黄粒。如果米粒胚芽处或是米粒本身有黄点或是黄斑，说明已发生霉变或是被虫蛀，最好不要购买。这种大米即使经过抛光或漂白处理也不能食用。正常大米进行抛光是为了改善产品的卖相，而将已经霉变并产生黄曲霉素的大米进行抛光处理并销售则属于违法行为。

(5) 看新陈。陈米的色泽发暗，黏性降低，也失去了大米原有的香味。所以，要认真观察米粒颜色，表面呈灰粉状或有白道沟纹的米是陈米，量越多则说明大米越陈旧。捧起大米闻一闻，如果有发霉的气味说明是陈米。另外，如果米粒中有虫蚀粒和虫尸，也说明是陈米。

（6）看标签。消费者在购买大米时还应注意查看包装上标注的内容，比如是否标注产品名称、规格、净含量、生产日期，配料表，厂名、厂址、产地及联系方式，保质期，生产许可证标识及编号，产品标准代号（GB 1354－2009），质量等级，储存条件等。

保存大米的小窍门

家用大米如果保存方法不当，常会生虫。因此，盛装的容器要洁净、密封。最好将米放在缸、坛、桶中，并盖严实。如果用布袋装米，要在布袋外面套一层塑料袋，并将袋口扎紧。

放大米的布袋也有讲究。将布袋在煮过的花椒水中浸泡后晾干放入大米，再用纱布包些当年新花椒分别放在米的上、中、底部，扎紧袋口，既能防霉变，又能驱虫。

在米桶里放几个大蒜头，同样可以防止虫蛀。

如何选购米粉

米粉是指以大米为原料，经浸泡、磨浆、压条等工序制成的条状或丝状米制品。

安全选购技巧

（1）色泽：洁白如玉，有光亮和透明度的，质量最好；无光泽，色浅白的质量较差。

（2）状态：组织纯洁，质地干燥，片形均匀、平直、松散，无并条的，质量较好；反之，质量较差。

（3）气味：无霉味，无酸味，无异味，具有米粉本身新鲜味的，质量较好；反之，质量较差。

（4）加热：煮熟后不糊汤、不粘条、不断条的，质量较好，这种米粉吃起来有韧性，清香爽口，色、香、味、形俱佳；反之，质量较差。

正规厂家生产的挂面安全系数高

挂面又称卷面、筒子面，可分为普通挂面、花色挂面、手工面等。普通挂面是以面粉为主要原料，仅添加适量食用盐、食用碱或品质改良剂，经机械加工制成的挂面；花色挂面是以面粉为主要原料，添加不同辅料，添加品质改良剂和风味、营养强化剂，经机械加工制成的挂面，如西红柿面、鸡蛋面、胡萝卜面、蔬菜挂面、营养挂面等；手工面是以面粉为主要原料，添加品质改良剂和风味、营养强化剂，经手工加工、晾晒或烘干制成的挂面。

鸡蛋面

安全选购技巧

（1）感官上进行初步判断。正常挂面应色泽均匀一致，稍带微黄，无酸味、霉味及其他异味；花色挂面应具有所加辅料的特殊气味，无杂质、无霉变、无虫害、无污染。

（2）观察外包装及标识。注意观察外包装是否结实完整、整齐美观，正规厂家大多采用自动包装机包装，而造假商贩为降低成本，大多在简陋的条件下进行手工包装；注意观察产品包装上是否标明了厂名、厂址、产品名称、生产日期、保质期、配料等内容。

（3）选品牌产品。品牌知名度较高的生产企业，都具有一定的生产规模，也相对注重对产品质量的控制与把关。

识别染色小米其实也不难

小米又称谷子、粟，是我国北方的主要粮食作物之一。小米的含铁量比大米高1倍，维生素B1比大米高1.5~3.5倍、维生素B2高1倍，纤维素比大米高出2~7倍。正因如此，食用小米对产妇产后滋阴养血大有功效，可帮助其恢复体力；此外，小米富含维生素B1、B2等，还能防止消化不良及口角生疮。

谷类的结构和营养素分布

谷皮：含较高灰分和脂肪

糊粉层：含较多的磷和丰富的B族维生素及矿物质

胚乳：含有大量淀粉和一定量的蛋白质，是谷类的主要部分

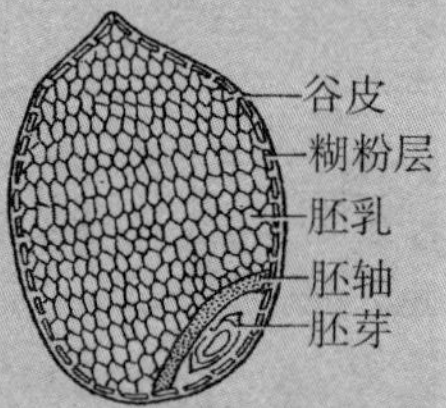

胚芽：富含脂肪、蛋白质、无机盐、B族维生素和维生素E

巧辨染色小米

不法商贩将小米以次充好的手段主要是给小米染色，具体的鉴别方法是：取少量小米放在白色纸巾上，用嘴哈气使其润湿，然后用纸捻搓小

米数次，观察纸上是否有轻微的黄色，如有，说明小米可能染有黄色素。另外，也可将少量小米样品加水润湿，观察水的颜色变化，如有轻微的黄色，说明掺有黄色素。

优质黑米味道微微有点甜

黑米，米粒细长、乌黑发亮、气味芳香，蛋白质含量高，维生素含量大，为米中珍品，素有“贡米”“药米”“长寿米”的美誉。

安全选购技巧

（1）观察色泽和外观。优质黑米富有光泽，米粒大小均匀，很少有碎米，也无虫，不含杂质；劣质黑米的色泽暗淡，米粒大小不匀，饱满度差，碎米多，有虫，有结块等。

（2）闻气味。手中取少量黑米，向黑米哈一口热气后立即闻气味。优质黑米具有正常的清香味，无其他异味；劣质黑米微有异味或有霉变气味、酸臭味、腐败味等不正常气味。

（3）尝味道。取少量黑米放入口中细嚼或磨碎后再品尝。优质黑米味佳，微甜，无任何异味；劣质黑米没味道，微有异味、酸味、苦味及其他不良滋味。

巧辨染色黑米

黑米的黑色集中在皮层，胚乳仍为白色。因此，选购时可以将米粒外面皮层全部刮掉，观察米粒是否呈白色；如果不呈白色，则极有可能是人为染色黑米。

粗粮虽好也要掌握度

粗粮是相对人们平时吃的精米白面等细粮而言的，主要包括谷类中的玉米、小米、黑米、高粱、燕麦、荞麦、麦麸以及各种干豆类，如黄豆、青豆、赤豆、绿豆等。

安全选购技巧

粗粮种类繁多，鉴别方法也存在差别，但大致可从外形、气味、味道三个方面进行比较选择。

（1）观外形。优质粗粮鲜艳有光泽，大小均匀，不发芽。以谷类为例，优质谷米有光泽，米粒大小均匀，很少有碎米，米粒上少有裂纹，不含杂质；劣质谷米则色泽暗淡，大小不匀，有结块。优质豆类和薯类也应有光泽，不发芽，表皮光滑且颗粒饱满，整齐均匀，无缺损或霉变；颗粒瘦瘪、不完整的多为劣质品。

（2）闻气味。取少量粗粮放在手中，哈一口热气后闻气味。优质粗粮具有正常的清香味，无其他异味；有霉变味和腐败味的是劣质粗粮。

（3）尝味道。比如选购豆类时，可用牙咬豆粒，如果豆子破碎时发音清脆，说明大豆干燥，如果发音不脆则说明大豆潮湿。优质大豆具有正常的香气，有酸味或霉味者质量较差。也可以用这个方法鉴别谷类。

健康提示：食用粗粮要掌握“度”

粗粮食用太多，会影响消化，过多的纤维素可导致肠道阻塞、脱水等急性症状。长期过量食用粗粮，还会影响人体对蛋白质、无机盐以及一些微量营养元素的吸收，使人体缺乏许多基本的营养元素，所谓“面有菜色”，就是纤维素吃得太多导致营养不良的典型表现。怀孕期和哺乳期的妇女，以及正处于生长发育期的青少年更不能过量食用粗粮。纤维素还会干扰药物的吸收，比如降低某些降血脂药和抗精神病药的药效等。

粗粮中的纤维素需要有充足的水分，才能保证肠道的正常工作，所以吃粗粮时要多喝水。一般多吃 1 倍纤维素，就要多喝 1 倍水。如果突然增加或减少粗粮的进食量，也会引起肠道反应，所以增减粗粮要循序渐进，以帮助肠道适应，不可操之过急。每天在制作食物时，除了顾及口味嗜好，还应该考虑荤素搭配，平衡膳食。成人每天粗粮的摄入量以 30 ~ 60 克为宜，可根据个人情况适当调整。

特别提醒

过多的膳食纤维可造成胃肠的巨大负担，胃肠功能较弱的人群，包括老人和儿童，不宜过多食用粗粮。

粗粮里含有植酸和膳食纤维，会与钙、铁结合形成沉淀，阻碍人体对矿物质的吸收，缺钙、铁等元素的人群也不宜多吃粗粮。

患有肝硬化、食道静脉曲张或是胃溃疡的人群，进食大量粗粮易引起静脉破裂出血和溃疡出血。

免疫力低下的人群，如果长期每天摄入的膳食纤维超过 50 克，会使机体的蛋白质（蛋白质食品）补充受阻，脂肪利用率降低，造成骨骼、心脏、血液等脏器功能的损害，降低人体的免疫能力。

从事重体力劳动的人不宜多食粗粮。粗粮营养价值低、供能少，对于从事重体力劳动的人而言营养供给不足。

粗粮不仅阻碍胆固醇吸收并影响其转化成激素，也妨碍营养素的吸收和利用，多吃粗粮不利于青少年的生长发育。

果蔬选购篇

水果、蔬菜在中国居民膳食结构比例中分别占总量的 8.4% 和 33.7%，摄入量占每日进食量的一半左右，所以果蔬在国人的膳食中具有重要位置。

安全选购技巧

目前，果蔬在栽种和运输过程中普遍使用农药，给大众的食品安全带来了一些困扰。农药在果蔬上的原始沉积量因其种类而异，在相同施药条件下主要取决于果蔬可食部分的表面积大小，如叶菜类的原始沉积量要比西红柿、黄瓜、苹果等果菜类大得多。

安全选购果蔬有以下技巧：

1. 尽量购买当季盛产的果蔬。当令水果大多较新鲜、品质佳，而且价钱也合理。不合时节的果蔬在栽培过程中需喷洒大量的药剂，更易造成农药残留。

2. 不选外形特异的果蔬。如市场上频见的一种番茄，它的顶部偏尖，有些草莓果实顶部会有不止一个尖尖，这是由于菜农喷洒催大、催肥、催熟激素造成的，像这样的蔬果不宜选用。

3. 不要刻意选择“大而无虫孔”的果蔬。我们很难从蔬果的外观判定其是否有农药残留，但真正健康无毒的蔬果叶片肥厚、发亮，根部密集，和洒农药后造成的“漂亮”是不一样的。

4. 切勿偏食某类蔬果，以分散风险。在自然灾害或节庆前后要避免抢购蔬果，因为这时少数菜农往往会因急着采收而加重农药的喷洒。农药残留量相对较多的蔬果有玉米、菠菜、小白菜、空心菜、茼蒿、花椰菜、草莓等，吃之前一定要彻底洗净。

5. 尽量食用有套袋保护的蔬果。套袋果蔬药剂附着较少，如丝瓜、苦瓜、葡萄、杨桃等。外表有药斑或残留化学药剂味的蔬果不宜选用。

6. 尽量选用农药残留量较少的蔬果品种。比如：具特殊气味的大蒜、洋葱等；对病虫害抵抗力较强的龙须菜；需去皮才可食用的冬瓜、萝卜、甘薯、马铃薯等；根茎类蔬菜，如土豆、鲜藕、冬笋、芋头等。

增加果蔬食用安全系数有妙招

目前使用的农药大部分是亲脂性的，多积存于果皮中，因此在食用时，除去外皮就可以除去大部分的农药残留。按下列方法做可以增加安全系数：

（1）带皮的蔬果，应先洗净再去皮食用，以免残留在果皮上的农药又污染了果肉。

（2）包心菜、甘蓝菜等包叶菜类，应先将外叶去除后剥成单片，用大量清水或淘米水清洗。

（3）梨、甜椒、苹果等有果蒂蔬果的凹陷处易沉积农药，应先切除果蒂后再清洗。菠菜、小白菜等小叶菜类，应先将易有农药残留的近根处切除后再剥开叶片仔细清洗。

（4）连皮食用的蔬果类，如苦瓜、草莓、小黄瓜等，应先用软毛刷刷洗后，再用清水冲洗。

（5）用流动的清水边冲边洗，在清水中浸泡 10 至 20 分钟，最后以流动的清水冲洗数次。

(6) 炒菜时，锅盖不要盖严实，可使部分残留农药因受热而分解，随水蒸气蒸发掉。

健康提示：加工烹调果蔬有讲究

果蔬在清洗、修整、热烫和漂洗加工处理时，应注意防止水溶性维生素及无机盐的损失和破坏，特别是维生素 C。蔬菜切碎后维生素损失巨大，黄瓜切片放置 1 小时后，维生素 C 将损失 33% ~ 35%。为降低无机盐和维生素的损失，应注意尽量减少用水浸泡的时间及弃掉汤汁的做法。

这些常识必须要知道

蔬菜先漂洗后切碎比先切碎后漂洗保留的维生素多。

烹调加热时间不宜过长，叶菜类宜快火急炒。新鲜蔬菜不要放置时间过久，也不宜在日光下暴晒。

烹制后的蔬菜应尽快吃掉。

适当加醋烹调可减少维生素 B1、维生素 C 的损失，加芡汁也可减少维生素 C 的损失。

用铜锅烹制菜肴损失的维生素 C 最多，铁锅次之。

脱水加工时果蔬中的维生素会因受热而损失，其中以维生素 B1 的损失最大。

脂溶性维生素在空气中易氧化损失，如胡萝卜素在空气中干燥加工维生素损失达 26%。

大多数果蔬在冷藏、隔氧、降低 pH 等条件下可减少维生素 C 的损失。比如绿色蔬菜在室温下贮藏数天则维生素 C 损失殆尽，而在 0℃ 下贮存同样时间则可保存一半。柑橘冷藏半年维生素 C 损失达 5% ~ 10%，浓缩橘汁在 -22℃ 的条件下保存 1 年，维生素 C 仅损失 2.5% 左右。

果蔬罐头通常不含防腐剂

果蔬罐头是以水果、蔬菜为原料，经加工处理、排气、密封、加热杀菌、冷却等工序制成的罐装食品。

安全选购技巧

1. 查外观：首先观察外包装是否整洁干净，金属罐的内外壁或罐盖是否有因腐蚀引起的生锈痕迹。

2. 看标签：标签应完整、清晰，应该标有品名、厂名、厂址、配料表、净含量、固形物含量、执行标准代号、质量等级、保质期限。购买时应确认该产品在保质期内。

3. 防“胖听”“漏听”。胖听、漏听是罐头变质的重要外部特征。检查胖听、漏听可用以下方法：

（1）看罐头底和罐头盖是否凸起，是否有液体流出。

（2）用手指关节敲击罐头底和盖，声音清脆的表明质量正常，声音混浊、沙哑的则是胖听或漏听。

（3）挤压罐头的盖和底，如有液体溢出或挤压后不能恢复原状，说明是漏听。

4. 看色泽：果蔬罐头中水果、蔬菜的颜色不应发生褐变，糖水应清亮透明。

5. 查看内质。对用玻璃瓶包装的产品，可检查内容物的色泽、状态、气味，观察其内容物块形是否完整、无异物、无混浊现象。质量好的罐头内容物呈现出原料果蔬固有的自然新鲜色泽，块形、大小基本一致，完整不松散。用玻璃瓶包装的正常产品应有一定的真空度，敲瓶盖有清脆的响声，若没有真空，则产品存在质量问题的可能性较大。

果蔬罐头中水分和糖分含量很高，开盖后，很容易造成微生物的大量繁殖，引起产品的酸败，失去食用价值，建议打开后尽量一次食用完毕。

果蔬罐头中有防腐剂吗？

"我是密封的，一般不含防腐剂哦"

果蔬罐头一般不含防腐剂，可放心食用。罐头食品之所以能够长期保存而不变质，完全得益于密封的容器和严格的杀菌技术。

制作罐头的道理很简单：先充分加热原料，把微生物全部灭掉；同时把包装罐充分加热杀菌；然后把无菌的食物装到无菌的容器中，趁热封口；最后再加热灭菌，冷却后，容器顶隙部分的空气体积收缩，会产生负压，本来封严的瓶子就更打不开了，外面的细菌也难以进入，食物自然不会腐败，也就不需要加什么防腐剂了。

进口苹果不一定就安全

中国是世界最大的苹果生产国，所产苹果品种众多，优良的苹果品种有金帅、元帅、国光、富士、嘎啦、秦冠等，其中以烟台的富士苹果最为有名。

安全选购技巧

（1）宜选套袋苹果。套袋苹果表皮干净而均匀，受到污染气体、农药喷洒等的影响比较小。

（2）进口苹果质量不一定就好。进口苹果价格比较贵，外表也比较漂亮，但不一定比我们本土生产的苹果安全。因为苹果是秋天成熟，新鲜苹果在国内销售无需用保鲜剂处理，而远渡重洋来的外国苹果，一般都需要经过打蜡等保鲜处理，进入中国市场时新鲜度也打了折扣。

（3）选有安全标识的苹果。最好选择有无公害、绿色和有机认证的苹果，这样的苹果重金属和农药残留会少得多，吃起来更为放心。

（4）反季节苹果多打蜡。新鲜苹果的表面虽然有一层天然果蜡和薄薄的果粉，但是并非光可鉴人。苹果收获后，为了提高商品价值并延缓苹果的失水，常用打蜡机进行上光，并可能用保鲜剂进行处理，所以对于表面特别漂亮发亮的苹果，尤其是反季节苹果，最好削皮后再吃。

食用蜡本身无害

食用蜡其实对身体并无害处，它的主要成分是纯天然虫胶和巴西棕榈蜡，两种都是可食用的，只是成本较高。少数无良商家为节约成本，用工业蜡代替食用蜡。工业蜡中含汞、铅，会给人体带来危害。

健康提示

苹果含糖丰富，糖尿病患者切忌多食。

脐深而且周围较圆的梨味道比较好

梨的种类很多,市场上较常见的有雪花梨、鸭梨、京白梨、砀山梨等。

安全选购技巧

(1) 看果皮:挑梨首先要看梨皮,如果梨皮看起来很厚,说明果实粗糙、水分不足。表面光滑,皮色白嫩,梨皮薄而细,没有病虫害、疤痕或外伤者,为品质好的梨。

(2) 看果形:品质好的梨,果形端正,果肉肉质细腻,质地脆而鲜嫩,果肉中的颗粒组织也就是石细胞少,汁液丰富,通常味道也很甜;而果形不端正的梨,或畸形、无果柄、果实大小不均,或个头偏小,这类梨通常肉质粗糙,汁液少,石细胞大而多,味道淡薄甚至有苦、涩味,品质较差。

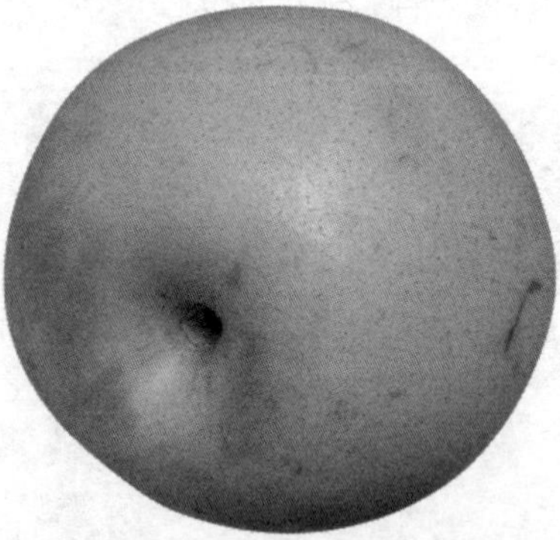

脐深而且周围较圆的梨味道比较好

(3) 看果脐:挑梨时要注意看梨脐,也就是梨底部的凹陷,脐深而周围较圆的味道比较好,而花脐坑浅又不圆的,味道较差。

(4) 警惕漂白梨:漂白梨表面上色泽鲜黄、光滑好看,拿水洗过后梨全部软烂脱皮,就连洗梨的水也变成了黄色。这是不良生产商使用膨大素、催长素令其早熟,再用漂白粉、着色剂(柠檬黄)为其漂白染色所致。这样的梨汁少味淡,有时还会伴有异味甚至腐臭味。这种毒梨存放时间短,易腐烂。

健康提示

梨自古被尊为“百果之宗”，可以止咳润肺，但它性寒，体质虚寒、寒咳者不宜生吃，必须隔水蒸过，或者放汤或与药材清炖。不同品种的梨性寒程度也有不同，比如天津鸭梨、香梨、贡梨偏寒，而皮粗的沙梨和进口的啤梨，则更寒凉。有以下几种情况者应少吃梨：

1. 梨性偏寒助湿，多吃会伤脾胃，故脾胃虚寒、畏冷食者应少吃。

2. 梨含果酸较多，胃酸多者，不可多食。

3. 梨有利尿作用，夜尿频者，睡前少吃梨。

4. 血虚、畏寒、腹泻、手脚发凉的患者不可多吃梨，可以煮熟再吃，以防湿寒症状加重。

5. 梨含糖量高，糖尿病者当慎吃。

6. 梨含果酸多，不宜与碱性药同用，如氨茶碱、小苏打等。

7. 梨不应与螃蟹同吃，以防引起腹泻。

8. 用以止咳化痰者，不宜选择含糖量太高的甜梨。

洗过“化学澡”的水蜜桃有毒

水蜜桃种类较多，如大白凤、小白凤、湖景、白花等。水蜜桃的皮很薄，果肉丰富，宜于生食。

安全选购技巧

鉴定桃子的质量，要根据其品种、产地、上市时间具体判别。

无良生产商常常将水蜜桃用工业柠檬酸浸泡“保鲜”，这种桃颜色鲜红、不易腐烂。其化学残留会损害神经系统，诱发过敏性疾病，甚至致癌。半熟脆桃在加入明矾、甜味素、酒精等后会变得清脆香甜。明矾的主要成分是硫酸铝，长期食用会导致骨质增生、记忆力减退、痴呆、皮肤弹性下降以及皱纹增多。白桃用硫磺熏制，还会有二氧化硫的残留。那么怎样区分桃子是否洗了"化学澡"呢？主要通过颜色来辨别：一般的桃自然熟透的颜色是黄色或粉红色，不熟的则呈淡淡的绿色，用工业柠檬酸浸泡后的桃红得很不正常，呈鲜红色；普通的桃两三天就会开始腐烂（有些质地较硬的品种存放时间长一些）、发霉，而用化学药剂泡过的桃放上几天还会很有光泽。

健康提示

水蜜桃不宜多食，原因何在呢？一则桃子性温，多吃会令人内热过盛；二则桃子所含营养丰富，过量食用会导致胃胀胸闷。

另外，由于桃仁能活血，女性在生理期不宜食用。

空心的西瓜和过量施用膨大剂有关

西瓜果实外皮光滑，瓜呈圆形或椭圆形，瓜皮色有浓绿、绿、白或绿色夹蛇纹等。瓤多汁而甜，呈浓红、淡红、黄或白色。常见品种有黑美人、无籽西瓜、花皮西瓜、特小凤、蜜宝、乐宝、早春红玉等。

安全选购技巧

挑选西瓜时，首先要看外形，形状要均匀，不能一头大一头小，通常歪瓜裂枣的瓜果质量都不好。如果瓜的花纹看上去像是撑开了一样，尾巴开花的地方收口小，“肚脐眼”凹进去，摸起来瓜的表面凹凸不平，瓜色比较绿，色泽比较深，用一只手托起轻轻拍打，听声音感觉有点空洞，托着的手感觉微微有震动，那就可以判定是沙瓤的熟瓜。如果不熟，就是很死的声音。

一般说来，挑选各种瓜果的时候，花脐那头凹进去的就是熟、好、甜的。

警惕膨大剂西瓜（爆炸西瓜）

膨大剂具有加速细胞分裂，促进细胞增大、分化和蛋白质合成，提高坐果率和促进果实增大的作用，常用的膨大剂有氯吡脲、赤霉酸。“爆炸西瓜”中使用的氯吡脲在我国属于登记允许使用的农药品种，但有时很难掌握使用量，如果使用过量就会造成西瓜未成熟就竞相炸裂。

有的传闻说膨大剂西瓜是白籽的，可作为判断依据，其实这是不科学的。白籽和黑籽只是雌雄花花粉结合的方式不同而已，和是否用膨大剂没有关联。

识别膨大剂西瓜的可行方法是切开西瓜后，如果是空心的，说明过量使用了膨大剂，而且使用量大的西瓜会自动开裂，严重过量的则会炸裂。

健康提示

1. 西瓜约含糖类5%，且主要是葡萄糖、蔗糖和部分果糖。糖尿病患者在短时间内吃太多西瓜，不但血糖会升高，病情较重的还可能因代谢紊乱而致酸中毒，甚至危及生命。因此如果一天中多次吃了西瓜，那么应相应地减少吃饭和面制品的数量，以免加重病情。

2. 肾功能不全者如果吃太多西瓜，会因摄入过多的水，又不能及时将水排出，致使水分在体内超量储存，血容量增多，不但会加重水肿，而且容易诱发急性心力衰竭，所以以少吃或不吃西瓜为好。

3. 西瓜有清里热的作用，感冒初期患者吃西瓜会使感冒病情加重或延长病程。

4. 中医认为，口腔溃疡是阴虚内热、虚火上扰所致。由于西瓜有利尿作用，如果口腔溃疡病人多吃西瓜，会使口腔溃疡复原所需要的水分被过多排出，从而加重阴虚和内热，使病程绵延，不易愈合。

5. 西瓜有利尿作用，吃西瓜会使孕妇的羊水减少，特别是孕后期，尽量不要吃西瓜。

6. 产妇的体质比较虚弱，多吃西瓜会因过寒而损脾胃。

7. 西瓜里的水分会冲淡胃中的消化液，影响食物的消化吸收，对儿童、孕妇和哺乳期妈妈的健康影响更大，所以不宜在饭前及饭后吃。当然，想节食减肥的人在饭前吃点西瓜不失为一种减少食物摄入的好方法。

8. 西瓜不宜吃得太多。西瓜属于"生冷食品"，任何人吃多了都会伤脾胃，导致食欲不佳、消化不良及胃肠抵抗力下降，引起腹胀、腹泻。

9. 虽然大热天吃冰西瓜解暑效果很好，但对肠胃刺激很大，容易引起脾胃损伤，所以应把握好吃的温度和数量。最好把西瓜放在冰箱冷藏室的最下层，这里的温度大约是 8℃ ~ 10℃，这个温度的西瓜口感也最好，每次吃的量不要超过 500 克，且要慢慢地吃。有龋齿（蛀牙）和遇冷后即会感到酸、痛的牙过敏者以及胃肠功能不佳者不宜吃冰西瓜。

怎样判别橘子中有蛆虫

橘子，南方人叫桔子，果实外皮肥厚，内藏瓤瓣，由汁泡和种子构成。橘子色彩鲜艳、酸甜可口，是秋冬季常见的美味佳果。

橘子果肉中有蛆怎么办?

曾经有报道称果肉中带有蛆虫的柑橘流入市场，一度引起消费者的恐慌。其实橘子里面的“蛆虫”是一种专门侵害水果的果实蝇的幼虫，如果果园没有大范围使用农药，就容易遭受果实蝇的侵害。这类果实蝇并不传染疾病，只是蠕动的幼虫可能会让人感觉恶心。由于受虫子侵害后的果实表面会留下创口，所以在选购橘柑类水果时，要留意看果皮有无蛀孔。被柑蛆侵害的橘柑，有未熟先掉果、未熟先黄等特征，因此，在选购橘柑时，可以先看其果皮是否成熟自然。吃之前掰开果肉先检查一下，也可避免吃到有柑蛆的橘子。

健康提示:鲜橘皮≠陈皮

不少朋友在吃完橘子后将橘皮用来泡水喝，把鲜橘皮当作燥湿化痰的陈皮来用，认为常喝鲜橘皮水对秋季保健、防病大有好处，其实这是认识上的一个误区。陈皮有理气调中、祛湿化痰的功效，但陈皮并非鲜橘皮，它是成熟的橘皮经晒干或晾干制成的。鲜橘皮含挥发油较多，并不具备陈皮的药用功效，用鲜橘皮泡水，不但不能达到陈皮的药用价值，而且由于挥发油气味强烈，从而刺激肠胃。因此，不要随意拿鲜橘皮泡水喝。

催熟剂捂熟的芒果安全吗

芒果是著名的热带水果，因其果肉细腻，风味独特，深受人们喜爱，素有“热带果王”的美称。芒果果实呈肾脏形，主要分为土芒果与外来芒果，未成熟的土芒果果皮呈绿色，外来品种呈暗紫色；土芒果成熟时果皮颜色不变，外来种则变成橘黄色或红色。芒果果肉多汁，味道香甜，土芒果种子大、纤维多，外来种不带纤维。

正确认识石灰捂熟芒果

为了减少成熟的芒果在长途运输过程中由于腐烂带来的损失，不少芒果在尚未成熟时就被采摘下来，在运到目的地后由商户进行加工捂熟后再销售。目前，市场上的芒果大多是经加工捂熟的。

捂熟芒果主要是用石灰浆和乙烯利。我们可以做这样一个实验：将芒果同香蕉、苹果等已熟水果放在同一个袋子里，芒果就成熟得快一些，因为香蕉、苹果等已成熟的水果会释放出乙烯利催熟芒果。所以，只要乙烯利的使用量符合国家标准，用它捂熟的芒果就是安全的。即使芒果果皮沾染上少量的石灰，只要清洗、去皮，也不会对我们的健康造成影响。

健康提示

芒果具有益胃、解渴、利尿的功用，盛夏季节食用，能生津止渴，消暑舒神。但是芒果热量高，多食容易上火。

另外，芒果含有的刺激性物质比较多，芒果汁沾到嘴、脸颊等部位，刺激面部皮肤，容易造成面部红肿、发炎，严重者会出现眼部红肿、疼痛等现象。所以,吃完芒果后要及时洗掉残留在口唇周围皮肤上的芒果汁肉,以免发生过敏反应。

盐水浸泡可以增加菠萝的安全系数

菠萝属凤梨科,是多年生草本植物,它生长迅速,生产周期短,在年平均气温23℃以上的地区终年可以生长,为著名热带水果之一。中国主要的菠萝产区为福建、广东、台湾、海南、广西、云南等地。

菠萝一定要选八九成以上熟的

菠萝中的一种蛋白酶会给人体带来不适,轻则刺激口腔黏膜,使人口唇发麻、发痒甚至红肿,重则使人出现腹泻、呕吐或头痛等症状,口腔皮肤幼嫩的孩子尤其容易产生过敏。这种蛋白酶在未成熟的菠萝中含量较高,所以菠萝一定要选八九成以上熟度的。

安全选购技巧

成熟度好的菠萝表皮呈淡淡的黄色或亮黄色,两端略带青绿色,上顶的冠芽呈青褐色;生菠萝的外皮色泽铁青或略带褐色。如果菠萝的果实突顶部充实,果皮变黄,果肉变软,呈橙黄色,说明它已达到九成熟。这样的菠萝果汁多,糖分高,香味浓,风味好。

用手按压菠萝,坚硬而无弹性的是生菠萝;挺实而微软的是成熟度好的;过陷甚至凹陷者为成熟过度的菠萝;如果有汁液溢出,则说明果实已经变质,不可以再食用。

成熟度好的菠萝外皮稍能闻到香味,浓香扑鼻的则为过熟果,时间放不长，且易腐烂；无香气的则多半是带生采摘果，所含糖分明显不足，食之无味。

健康提示：菠萝宜用淡盐水泡过后再吃

人们在吃菠萝时口腔和嘴唇往往有一种麻木刺痛的感觉，很不舒服。还有的人食用菠萝后会出现腹痛、呕吐、头昏、腹泻等症状，这些都是菠萝蛋白酶引起的症状。但是，只要用淡盐水泡过菠萝之后再吃，这些症状就没有了，因为用淡盐水浸泡菠萝起到了灭酶的作用。但是用盐水浸泡菠萝的时间不能太久，以免损失较多的维生素等营养物质，一般浸泡时间不要超过 30 分钟。同时所用的盐水浓度也不宜太高，稍有咸味即可。

香蕉一定要用催熟剂吗？

香蕉是多年生草本植物，全年都可以开花结果，果皮青绿色，果肉甜滑，无种子，香味特浓。香蕉属高热量水果，每 100 克果肉的发热量达 91 大卡。在一些热带地区，香蕉还被当作主粮。

催熟香蕉会导致儿童性早熟吗？

曾有传闻说儿童吃催熟的香蕉会导致性早熟，这完全是无稽之谈。

由于香蕉要经得起长途运输，就必须采摘青果，而从树上砍下来的成串香蕉很难自熟，要吃到香甜的熟香蕉，就离不开乙烯利催熟。因此，催熟是香蕉产业中不可缺少的环节，全世界都在广泛使用，而且已有百年之久。催熟剂不超标使用对人体无害，只有严重超量使用才会危害人体健康。曾有人食用 20 克乙烯利粉剂，出现了瞳孔缩小、肺水肿等症状。20 克乙烯利相当于乙烯利残留量超标一百倍，也就是说一个成年人必须一次吃下数百公斤超标催熟的香蕉，才能出现上述症状，所以在担心乙烯利的安全性之前，更应该担心的是会不会把人给撑坏了。

外皮有黑点的香蕉还可以食用

香蕉的外皮有黑点是正常现象。因为在自然条件下，香蕉的成熟度不可能每个部分都一致，有黑点的部位可能是成熟比较早的。表皮黄中稍带黑斑，表明成熟适中。如果皮上黑点较多，表明已熟透，这时的香蕉特别软而甜，必须马上食用，否则会很快烂掉。

健康提示

香蕉营养丰富，功效也很多，可以清肠胃，治便秘，并有清热润肺、止烦渴、填精髓、解酒毒等功效。但是香蕉的血糖生成指数比较高，糖尿病患者最好不要食用。

火眼金睛巧辨喷酸荔枝

荔枝又名离枝，是我国的名贵水果，其色泽鲜紫，壳薄而平，香气清远，瓤厚而莹，新鲜时果肉是白色的，晒干后呈红色。

安全选购技巧

新鲜荔枝个大均匀，皮薄肉厚，质嫩多汁，味甜，富有香气。挑选时可以先在手里轻捏，好荔枝的手感应该发紧而且有弹性。从外表看，新鲜荔枝的颜色一般不会很鲜艳，通常呈暗红稍带绿。如果荔枝头部比较尖，而且表皮上的“钉”密集程度比较高，说明荔枝还不够成熟，反之就是一颗成熟的荔枝。外壳龟裂片平坦、缝合线明显的荔枝味道一定很甘甜。

喷酸荔枝买不得

由于荔枝保存时间短，商贩往往会买来色青半熟甚至是生的荔枝，用稀释过的盐酸浸泡，或把稀盐酸喷洒在荔枝表面，未熟的荔枝表皮会因此变得红嫩、新鲜，好像是刚刚采摘下来的鲜荔枝，但很容易腐坏。盐酸类溶液酸性较强，会使手脱皮、嘴起泡，还会烧伤肠胃。还有的果贩会用硫磺熏制荔枝，而二氧化硫对眼睛、喉咙会产生强烈刺激，导致人头昏、腹痛、腹泻，严重者甚至还会致癌。

读者朋友可以用摸、闻、掂、看的方法识别喷酸荔枝。

摸：触摸到喷酸荔枝时，手会觉得潮热，甚至有烧灼感。

闻：经过喷酸“化妆”的荔枝不仅没有香味，而且闻起来气味有点酸，甚至还有化学药品的味道。

掂：喷酸荔枝比自然熟的荔枝分量重一些。

看：鲜荔枝的保存时间短，一般需低温冷藏保存，如果看见荔枝被商贩随便放在盒子里，上面用塑料布一盖的，大多有问题。

健康提示

荔枝是美味水果，但并非人人都能享用。糖尿病人慎用荔枝，阴虚火旺、有上火症状的人也不要吃，以免加重症状。荔枝含有单宁、甲醇等，多食容易生内热，患有阴虚所致的咽喉干疼、牙龈肿痛、鼻出血等症者忌用。此外，吃荔枝也很有讲究：

1．不宜空腹食用

鲜荔枝的含糖量很高，空腹食用会刺激胃黏膜，导致胃痛、胃胀。空腹食用过量会因体内突然加入过量高糖分，而发生“高渗性昏迷”。

2．不宜大量食用

大量进食荔枝且吃饭很少，容易引发突发性低血糖症，出现头晕、口渴、恶心、出汗、肚子疼、心慌等症状，严重者会昏迷、抽搐、心律不齐等。医学上把这些症状称为荔枝急性中毒，也叫“荔枝病”。因荔枝所含单糖大部分是果糖，果糖被机体吸收后须经一系列酶催化才能变为葡萄糖供能或转变为糖元贮存，被组织细胞氧化利用，如果一次食用过多荔枝，就会导致血糖含量比正常低许多，从而引发低血糖症。这种急性疾病一般在清晨发病，常以出汗、肢冷、乏力、轻泻等为前期症状，严重者会突然抽搐、昏迷。若出现上火症状，可吃些性寒的西瓜来解热。

建议成年人一次食用荔枝不要超过 10 个，儿童吃三四粒即可，多吃易生热病。

硫磺熏过的增白桂圆
很容易被鼻子识破

桂圆有龙眼、益智、骊珠等别称，因其种子圆黑光泽，种脐突起呈白色，看似传说中“龙”的眼睛，所以得名“龙眼”。新鲜的桂圆肉质极嫩，汁多甜蜜，美味可口，鲜桂圆烘成干果后即成为中药里的桂圆，是滋补佳品。桂圆常见品种有福建的莆田、泉州、东壁、普明庵、白核龙眼，广东的石硖龙眼、花壳龙眼等。

巧辨增白桂圆

桂圆干

在加工桂圆的时候，如果工艺不达标，桂圆的颜色会发暗、发黑而影响到桂圆的成色。为了让货色好看，一些不法商贩用硫磺熏桂圆或是往里面掺石膏粉，不少从越南和泰国入境的桂圆肉都是用这种方法来改进桂圆的成色的；还有的农户直接用煤做燃料烘干桂圆肉（煤含有硫磺），这样生产出来的桂圆颜色偏白，也很有“卖相”。其实硫磺熏过的桂圆很容易被鼻子识破，因为这种桂圆会有一股硫磺味，显酸味，破坏了桂圆特有的清香味，只要用手搓一搓，手上就会有一股淡淡的硫磺味道，放到太阳下晒一晒也会有硫磺味，而正常的桂圆打开包装袋远远就能闻到桂圆特有的香味。

巧识加糖桂圆

为了增加桂圆的重量和甜味，不法商贩会掺加白糖或者黄糖。加糖的桂圆肉比较容易看出来，因为这样处理过的桂圆一般不会做得太干，太干的话桂圆内外都会有糖粉暴露出来。挑选时将桂圆抓在手里握一会儿，如果手黏糊糊的，说明加了糖。虽然生晒桂圆如果晒得不太干，也会稍有沾手，但绝对不会是黏糊糊的那种感觉。加了白糖或者黄糖的甜味和桂圆本身的甜味是很不一样的，吃起来会有甜得发腻的感觉，而且糖味也掩盖了桂圆特有的香味。将之放在太阳底下晒一晒，加糖桂圆的糖味会更明显。

健康提示：准妈妈应慎食桂圆

桂圆含有大量有益人体健康的微量元素，能安神，治失眠、健忘、惊悸等病症，还是产妇重要的滋补食品，因此深受国人的喜爱。在理论上桂圆有安胎的功效，但女性在怀孕后，大都阴血偏虚，阴虚则生内热。中医主张胎前宜凉，而桂圆性热，因此，为了避免流产，孕妇应慎食。

警惕人造红枣

枣的品种繁多，形状大小也不一。比较出名的有河北沧州的“金丝小枣”，河北黄骅的“冬枣”，山西的“大枣”，浙江的“义乌大枣”。

警惕人造红枣

为了能牟取暴利，不法商贩将青而脆的大枣放入含有糖精钠和蛋白糖等食品添加剂的热水中浸泡，两小时后就变成了“红枣”。辨别这种假红枣的技巧是：从整体上看，如果摊位上所堆放的鲜枣全是一样红的，很可能就是假红枣，因为自然成熟的红枣不可能同时变红，枣堆中应该有半红、黄色或青色的枣。而从单个枣的色泽来看，假红枣遍体暗红、无光泽；自然红枣圆润有光泽，红色也不太均匀。此外，假红枣刚入口时会比较甜，但再吃就不甜了，这是因为用糖精钠加工过的枣皮虽然很甜，但里面的枣肉还没有成熟；而自然成熟的红枣则甜度一致，口感更加甘甜。

健康提示

值得注意的是，红枣虽然是保健佳果，但由于其含糖量较高，因而大便秘结、内热甚者不宜食用。

“畸形”草莓不要买

草莓外观呈心形，鲜美红嫩，果肉多汁，含有特殊的浓郁水果芳香。草莓营养价值高，含丰富维生素 C，有帮助消化的功效；与此同时，草莓还可以巩固齿龈，清新口气，润泽喉部。

膨大剂草莓

草莓在种植过程中乱用膨大剂的现象很普遍，施用膨大剂可促进果实的细胞分裂使体积增大，从而达到增产增收的目的。施加膨大剂的草莓个头都很大，而且颜色也好看，有些还长得奇形怪状的，膨大剂残留量大的草莓会对人体的健康造成较大的损伤，尤其是肾病患者，购买时一定要谨慎。

可以这样识别膨大剂草莓：

首先看形状，正常草莓多呈圆锥形，如果形状太奇怪就要谨慎。

其次看颜色，激素草莓上色不均匀、光泽度差，而且底部果柄处的颜色青红分明；正常草莓表面的芝麻粒（种子）是金黄色的，如果连芝麻粒都是红艳艳的，就要警惕了。

再次看果肉，正常草莓果肉鲜红，很少空腔；激素草莓轻易就能掰开，果肉颜色发白，空腔较多。

最后尝味道，正常草莓甜度高且甜味分布均匀；激素草莓吃起来寡淡无味、闻着不香。

健康小贴士

1. 积食腹胀、胃口不佳时，可在饭前吃些草莓来缓解。

2. 草莓对胃肠道和贫血有调理作用。草莓中的维生素及果胶对改善便秘和治疗痔疮、高血压、高脂血症有一定效果。草莓中含有一种胺类物质，对白血病、再生障碍性贫血等血液病有辅助治疗作用。草莓是鞣酸含量丰富的植物，在人体内可吸附和阻止致癌性化学物质的吸收，具有防癌作用。

3. 鲜草莓有助于醒酒。酒后头昏不适时，取鲜草莓 100 克，洗净后一次服完，有助于醒酒。

尖端肥大的直桶猕猴桃安全吗？

猕猴桃，也称猕猴梨、藤梨、羊桃、阳桃、木子与毛木果等，原产于中国湖北。因猕猴喜食，故名猕猴桃。猕猴桃一般为椭圆形，质地柔软，味道有时被描述为草莓、香蕉、凤梨三者的混合。

膨大剂猕猴桃的识别

虽然猕猴桃病虫害少，在种植过程中一般无需使用农药，是极少数没有农药污染的无公害果品之一，但在成长过程中过量使用膨大剂却是对人体有害无益的。区分猕猴桃有无使用膨大剂，从外观上就可以作出初步判断。膨大剂使用浓度越大，果身越容易变粗，尖端明显肥大，成直桶形状的现象就越明显。再观察果皮，果皮发绿，颜色不均匀，果毛过于粗硬，果子切开后果心发粗，果肉熟后发黄、味道变淡等，都是膨大剂猕猴桃的典型特征。在内在品质上，使用过膨大剂的猕猴桃果肉变松，剖面颜色淡白，糖度下降，风味不佳，耐贮运性降低。

优质的猕猴桃果形规则，每颗 80 克至 140 克，果形多呈椭圆形，表面光滑无皱，果脐小而圆并且向内收缩，果皮呈均匀的黄褐色，富有光泽；果毛细而不易脱落。果子切开后果心翠绿，品尝起来更是酸甜可口。

西红柿也有转基因的吗？

西红柿别名番茄，是全世界栽培最为普遍的果菜之一，它的食用部位为多汁的浆果，既可作为蔬菜也可作为水果食用。

催熟西红柿不宜选

具有以下特征的西红柿可优先选购：颜色粉红、外形浑圆，表皮有白色的小点点，感觉表面像有一层淡淡的粉一样，捏起来很软；蒂的部位圆润，最好带淡淡的青色；籽粒呈土黄色，肉质红色、沙瓤、多汁。

有些菜农为抢早上市卖个好价钱，往往在西红柿未完全成熟时就摘下来人工催熟。自然成熟的西红柿，果蒂周围仍有些绿色，手感较软，外皮是红的，掰开看长籽部分也是红的，籽粒是土黄色，肉质红色，沙瓤，多汁；催熟的西红柿则遍体通红，手感很硬，外皮虽红但籽绿，瓤里汁少，肉质无沙，有的尚未长籽而肉瓤却已经红了，这种西红柿的味道必然差。

另外，顶部尖尖的西红柿或其他畸形西红柿，特别是顶部会有像桃子似的凸起的西红柿，很可能是生长激素使用过量，因此不宜购买，应尽量挑选果形圆正的。越硬的西红柿植物激素使用越多，最好不要买，或者买回后别马上吃，放上两三天延续一下成熟期，等它自然变软，而且这时不利于健康的催红素也已得到了释放。

巧识转基因西红柿

转基因西红柿的颜色鲜红，很好看，果实较硬，不易裂果。

可通过以下几点区别转基因作物：

季节：除了大棚蔬菜外，其他的反季节食品容易是转基因的。

色彩：与传统的不一样的可能是转基因，比如彩色棉花、彩色辣椒。

味道：传统的玉米如黄玉米、白玉米，略带甜味，而现在流行的甜玉米，其甜度非常高，可能是转基因的。

害虫：害虫喜欢光顾的作物，多是传统作物；害虫害怕的或很少有害虫的作物，可能就是转基因的。

产量：转基因作物在开始几年，其产量要比传统作物高。

健康提示：鱼与熊掌不可兼得

西红柿营养丰富，含有对人体有重要意义的维生素 C 和番茄红素，可是鱼与熊掌不可兼得，西红柿中的番茄红素只有在加热的情况下才能得到释放并发挥作用，而加热烹饪会损失西红柿中的维生素 C，所以凉拌西红柿可以使人体对维生素 C 的吸收利用更为充分，而西红柿炒鸡蛋的抗癌效果更佳。

白菜有农药残留怎么办？

白菜，原产于我国北方，通常指大白菜；也包括小白菜以及由甘蓝的栽培变种结球甘蓝，即“圆白菜”或“洋白菜”。白菜常见种类很多，有山东胶州大白菜、北京青白、天津青麻叶大白菜、东北大矮白菜、山西阳城的大毛边等。

买到好白菜的诀窍

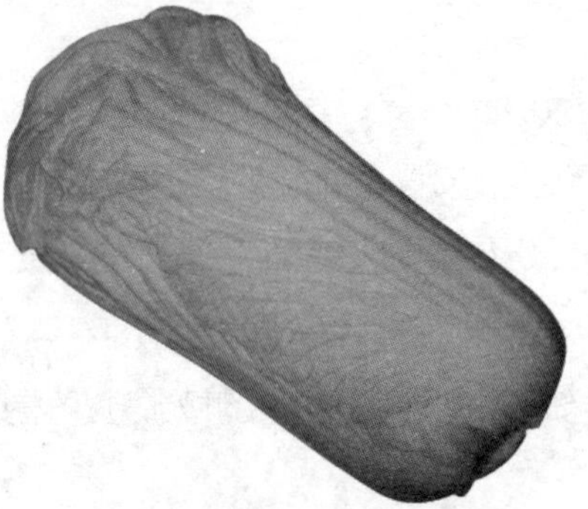

叶子包得越紧的白菜质量越好，也越耐存放

越是寒冷地方生长的白菜味道越好，优质大白菜包心紧、分量重、底部突出、根部切口大。买回家马上吃的，菜心裹得越紧越好；打算长期储存的，就要买松散点的。因为白菜砍下来后还在进行新陈代谢，菜心会缓慢生长，如果选包心紧的，贮藏时就容易腐烂。

尽量挑个儿大的大白菜，因为里面可食用的叶茎多，而且个儿大的白菜积累的养分相对也多。

有的人在买大白菜时总是要把菜帮去净以减轻分量，否则觉得不划算。其实这样是不对的，因为菜帮不但有一定营养价值，还有保护菜心的作用，应该在吃之前再将菜帮去掉。

去除白菜农药残留有妙招

一般来说，生长周期短的绿叶菜以及菜花、草莓等表面凹凸不平的果蔬农药残留相对最多。这是因为绿叶蔬菜叶片大，喷洒农药时容易残留在叶片上。特别是卷心菜、白菜等蔬菜，每长一层叶子就要打一次农药；青椒、黄瓜、豆角、萝卜等根茎类蔬菜，以及一些薄皮类的果蔬，如西红柿、樱桃、油桃等，农药残留情况要好一些；土豆、洋葱、萝卜、红薯、花生等直接埋在土里生长的果蔬，农药残留情况要更少些。

农药一般都是呈碱性的，而淘米水是弱酸性的，做饭时不要将淘米水倒掉，将白菜等蔬菜放在淘米水中浸泡一会儿，可有效去除农药。

带花的黄瓜就新鲜吗？

黄瓜，也称胡瓜、青瓜，属葫芦科植物，是餐桌上的家常菜。

安全选购技巧

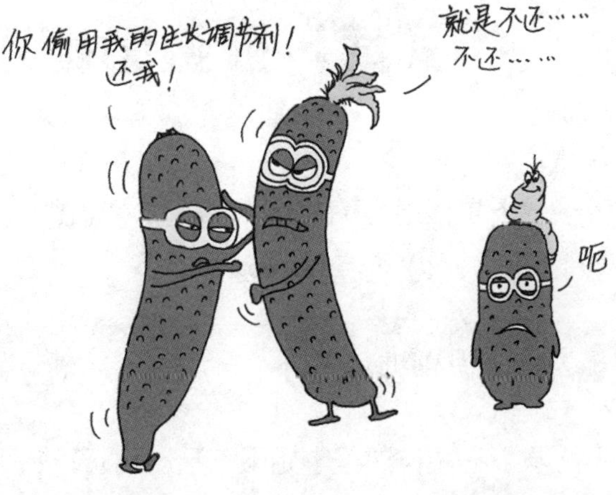

1. 尽量不买带花黄瓜。按照植物生长规律，黄瓜一般是先开花后结果，黄瓜有拇指粗细时，花已完全开放，过不了几天就开始萎缩，而此时黄瓜还比较细，没有成熟。到成熟采摘时，黄瓜花已经完全枯萎，所以黄瓜不可能带着鲜嫩的花朵上市。

带花的成品黄瓜用的药大多是一种植物生长调节剂，用这种药剂能达到三个效果，一是增加坐果率，二是刺激黄瓜生长，三是能让黄瓜带花，使其卖相好看。用小针管把这种药喷到黄瓜花上，等采摘上市时花都不会凋谢。虽然我国目前允许使用植物生长调节剂，可菜农在使用时很难掌握合适的剂量，所以消费者在挑选黄瓜时，尽量不要选带花黄瓜，更没必要把“带花”作为是否新鲜的标准，因为带花的不见得比不带花的新鲜，自然长成的黄瓜最好。

2. 尽量挑选自然弯曲的黄瓜。自然生长的黄瓜都是带弯的，使用某些激素后，黄瓜会长得笔直顺溜，这种黄瓜虽然卖相好，但安全性却没有保证。

3. 黄色黄瓜是过熟的黄瓜。新鲜的黄瓜表皮是绿油油的颜色，但有的消费者买回家后没有及时吃，黄瓜由绿色变成了黄色，于是便怀疑自己买的黄瓜有毒，是用了什么农药或激素。这个观点是不对的，因为农药或激素并不能使黄瓜变黄或变红。黄瓜由绿变黄其实只是正常的衰老现象，在气温较高时，衰老速度还会更快一点。

买萝卜最要防糠心和黑心

萝卜是根茎类蔬菜，品种极多，常见的有红萝卜、青萝卜、白萝卜、胡萝卜、水萝卜和“心里美”等。

如何识别糠心萝卜？

萝卜在生长过程中如果气温过高、天气干燥或者空气湿度小，萝卜水分失调，肉质的心部细胞缺乏水分，就会引起糠心。另外，早期抽薹，收获过迟，未挖时发芽或土质过于干燥，受太阳暴晒或受冻等都会造成萝卜糠心。

糠心萝卜一般皮色发暗或呈灰黄色，外皮呈凹凸状，拿在手里发轻，用手指弹动会发出梆梆的声响，肉质粗老且多带辣味和苦味。

如何识别黑心萝卜？

萝卜黑心主要是土壤肥料中的黑腐病菌侵害肉质根造成的。

黑心萝卜的皮色发暗，外皮凹凸不平，重量减轻，严重者根头的顶部有小空洞，肉质变软，这种萝卜不能食用。

“硫磺生姜”千万不要买

姜，姜科姜属植物，也称“生姜”；根茎鲜品或干品可以作为调味品，是日常烹饪常用佐料之一。

火眼金睛识别“毒生姜”

买姜不能光看模样，鲜黄鲜黄、表皮光滑的“漂亮”生姜十有八九是用硫磺熏的。完全的好姜表皮看得清纹理，比较粗糙，颜色淡黄，发点绿头也不要紧。姜在窖藏时是埋在沙土里的，要想买到放心的生姜，最好上面沾点泥。“毒生姜”一般是先洗后熏，熏过的姜不仅干净，而且颜色浅，水嫩嫩的，发亮，皮薄，用手轻轻一搓皮就掉了。而正常的姜则颜色发暗、发干。

生姜

如果自己实在无法判断，最好的方法是把所有的姜都去皮吃。因为硫磺熏制通常只会对姜皮造成影响，对姜肉影响不大。

健康提示

生姜具有发汗解表，温肺止咳，解毒的功效，可治外感风寒、胃寒呕吐、风寒咳嗽、腹痛腹泻、中鱼蟹毒等病症。

但是，生姜不宜在夜间食用，因为姜酚会刺激肠道蠕动在白天确实可以强健脾胃，可在夜晚却可能影响睡眠、伤及肠道。

看根选豆芽

豆芽也称芽苗菜，是用各种谷类、豆类、树类的种子培育出的可以食用的“芽菜”，也称“活体蔬菜”。传统的豆芽是指黄豆芽，后来市场上逐渐开发出绿豆芽、黑豆芽、豌豆芽、蚕豆芽等新品种。

谨防“毒豆芽”

有些急功近利的商贩在发豆芽的过程中加入化肥、漂白剂、除草剂等化学成分，这样的豆芽生长期短，看起来白白嫩嫩，但食用这样的豆芽会对人体造成伤害。我们可以通过“三看一闻”挑选品质比较好的豆芽。

一看豆芽茎：自然培育的豆芽菜芽身挺直稍细，芽脚不软、脆嫩、光泽白；而用药水浸泡过的豆芽菜芽茎粗壮发水，色泽灰白。

二看豆芽根：自然培育的豆芽菜，根须发育良好，无烂根、烂尖现象；而用药水浸泡过的豆芽菜，根短、少根或无根。

三看豆芽茎的断面是否有水分冒出：无水分冒出的是自然培育的豆芽；有水分冒出的是用药水浸泡过的豆芽。

闻气味：发出刺鼻味道的豆芽菜、不要购买。

慎选无根豆芽

很多家庭喜欢挑选没有须根、茎粗短、顶芽小的豆芽菜食用,认为这种豆芽菜又嫩又脆,浪费也少,而且烹调快。其实这种无根豆芽菜在培育过程中放入了“除草剂”,除草剂具有很强的毒性,不仅能抑制植物正常生长,促使植物发生畸形,只长茎、不长根和头,而且还会破坏蛋白质、维生素、矿物质等营养素,有一定的致癌性,危害健康。

发芽土豆有毒

土豆,学名马铃薯,是多年生草本植物。地下块茎呈圆、卵、椭圆等形,有芽眼,皮有红、黄、白或紫等颜色。全世界有几千个土豆品种,有的含淀粉比例较高、适合作为主食,也有的适合作为蔬菜食用。

发芽土豆会引起中毒

土豆发芽会产生一种叫龙葵素(又称茄碱)的毒素。质量好的土豆每100克中只含龙葵素10毫克,而变青、发芽、腐烂的土豆中龙葵素可增加50倍或更多。选购马铃薯时一定不能选择皮带绿色、有芽、有腐烂的,一定要选皮干,没有水泡的,不然保存时间短,口感也不好。发芽严重的土豆一定不要食用,如果是略微发芽的土豆,将芽眼处去掉还可以食用,但食

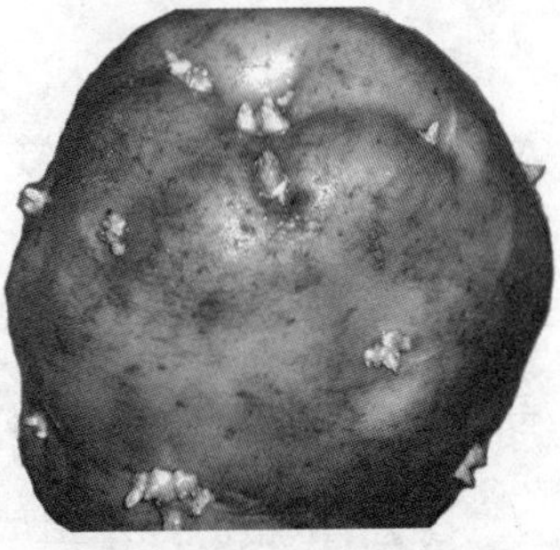

发芽土豆有毒

用的时候要谨慎，如果口中有发麻的感觉，表明该土豆中含有较多的龙葵素，应立即停止食用，以防中毒。

另外，龙葵素呈弱碱性，在烧土豆时加入适量米醋，利用醋的酸性作用来分解龙葵素，可起解毒作用。

巧识掺假木耳

木耳又叫黑木耳，色泽黑褐，质地柔软，味道鲜美，营养丰富，可素可荤。目前人工培植以椴木的和袋料的为主。

如何买到不掺假的优质黑木耳？

有些不法商贩唯利是图，不但以次充好，在木耳中掺入淀粉、糖、盐等，甚至不顾国家关于食品安全管理的规定，使用掺假手段，将黑木耳泡发后掺入硫酸镁、明矾、尿素、氨水等有害物质，再晒干或烘干出售，以增加重量牟取暴利。

鉴别黑木耳的方法主要是眼看、手摸、口尝、用水胀发。

眼看：优质黑木耳腹面乌黑光润，背面略呈灰白色；劣质黑木耳呈棕色，外观粗糙，粘结成块。如果黑木耳有白色（白霜）粉状附着物，说明掺入了淀粉、滑石粉、硫酸镁、食盐等。

手摸：正常黑木耳质轻，翻动时有干脆沙响声，手感不硬。将木耳成把地紧捏，耳瓣在松手后立即散开者表明木耳身干质好；掺假黑木耳质重结块，稍捏易碎，如掺有糖、碱以及鞋粉等则重而发软，手感潮湿。

口尝：取少许黑木耳放入嘴里嚼尝，正常黑木耳应是清淡、无味的，如有异味、怪味，则为掺假品。如掺入红糖、饴糖则有甜味；掺入食盐的则有咸味；掺入明矾的则有酸涩味；掺入碱的则有苦碱味；掺入硫酸镁或尿素的则有苦涩或不适的异味；掺入硫酸锌、食用胶的感觉有异味、黏度大，有拉丝感。

胀发率：用水浸泡看黑木耳胀发率（吸水量），取 5 克放入水中浸泡，正常的黑木耳漂在水的表面，慢慢地吸水后会均匀悬浮在水中，质量越好其吸水胀发率也越大，优质黑木耳 1 份可吸水胀发出 12 至 15 份重。掺假的黑木耳 1 份用水浸泡 1 小时后仅能胀发出 3 至 5 份重，因为掺假物大部分都溶解于水了。同时，经水浸泡后的正常黑木耳颜色呈棕黄带黑，富有弹性；而掺假的黑木耳则颜色发棕黑，黏软，不具弹性。

染色木耳的识别

有些不法商贩将色泽不好的黑木耳用墨汁进行浸泡，然后晾干销售。那些被染了黑色的劣质黑木耳其实很容易鉴别，只要在手指尖上蘸一点唾液，在黑木耳上来回蹭几下，手指就会被染上黑色。染色黑木耳用肉眼也很好辨认，未染色黑木耳的正反面颜色有明显的差别，而染色木耳的正反面颜色基本一致。

怎样买到新鲜的无毒韭菜？

韭菜属于百合科多年生宿根蔬菜，适应性强，抗寒耐热，全国各地都有栽培。

韭菜新鲜度如何识别？

韭菜的叶由叶片和叶鞘组成。叶鞘抱合而成“假茎”。割韭菜是在假茎附近开刀。刚割下不久的韭菜，“假茎”处切口平齐；如已割下几天，切口便不平了，而呈现倒宝塔状，因为韭菜在收割后仍能继续生长，中央的嫩叶长得快，外层老叶生长慢，会形成倒宝塔状的切口。

如何识别毒韭菜？

如果韭菜的叶片特别宽大，比一般的宽叶韭菜还要宽一倍，很可能是在栽培过程中使用过激素，未用过激素的韭菜叶较窄，吃时香味浓郁。

有的韭菜不仅叶片宽大，颜色也不正常，如果菜叶不是正常的绿色而是墨绿色，很可能是喷洒过剧毒农药。韭蛆是韭菜最主要的虫害，它主要为害韭菜的根部和假茎基部，对韭菜产量影响明显，严重时可以导致50%以上减产，防治韭蛆一般采用根部施药的方式，所以将韭菜根部切掉1至3厘米食用较为安全。

韭菜上的农药主要是有机磷类杀虫剂，所以在食用之前一定要用清水冲泡，最好用流动的清水进行冲洗。

绿颜色的大蒜头能吃吗？

大蒜品种很多，根据鳞茎外皮的色泽可分为紫皮蒜与白皮蒜。紫皮蒜的蒜瓣少而大，辛辣味浓，产量高，多分布在华北、西北与东北等地，耐寒力弱，多在春季播种，成熟期晚；白皮蒜有大瓣和小瓣两种，辛辣味较淡，比紫皮蒜耐寒，多秋季播种，成熟期略早。

绿色的腊八蒜可放心选购

腊八蒜是指阴历腊月初八这天泡制的蒜。具体做法是，将剥了皮的蒜瓣儿放进可密封的容器里面，然后倒入醋，封上口放到一个冷的地方，泡在醋中的蒜会慢慢变绿，最后通体碧绿，如同翡翠碧玉。

有些人看到绿色的蒜就以为是加入了食品添加剂，特别是没有吃过腊八蒜的南方人，更是无法接受。其实腊八蒜是安全可食用的，它之所以会呈现绿色，主要是由于泡制时的温度不同。腊八蒜的泡制时间是阴历腊月初八，这时的北方天气很冷，而低温是打破大蒜休眠、激活蒜酶、发生绿变的条件。腊八蒜绿色素的形成与洋葱红变具有一定的相似性，当烯丙基与丙烯基硫氧化物同时存在时就发生绿变，当存在丙烯基硫氧化物、不存在烯丙基硫氧化物时，就发生红变。而南方就算到了腊八时节，气温依然比较高，醋泡蒜就无法发生绿变，所以南方没有腊八蒜也就不足为奇了。

健康提示：大蒜捣碎成泥营养价值更高

大蒜有抗癌、杀菌、降糖、护肝、清肠等功效，但必须捣碎生吃才有预防作用。大蒜之所以能有这么出色的功效，是因为它含有蒜氨酸和蒜酶这两种有效物质。它们各自静静地待在新鲜大蒜的细胞里，一旦把大蒜碾碎，就会互相接触，从而生成一种没有颜色的油滑液体——大蒜素。大蒜素有很强的杀菌作用，能使细菌的代谢出现紊乱，从而无法繁殖和生长。但是大蒜素遇热时会很快失去作用，所以大蒜适宜生食。

大蒜不仅怕热，也怕咸，遇咸也会失去作用。因此，要想达到最好的保健效果，食用大蒜时最好捣碎成泥，而不是用刀切成蒜末，并且要先放 10 至 15 分钟，让蒜氨酸和蒜酶在空气中结合产生大蒜素后再食用。

带虫眼的豇豆也可以买

豇豆俗称角豆、姜豆、带豆，分为长豇豆和饭豇两种。豇豆成熟后种子呈肾脏形，有黑、白、红、紫、褐等各种颜色，嫩荚可作蔬菜食用。

关注豇豆农药残留

农民给豇豆喷高毒农药是为了防治一种钻心虫，除了豇豆，还有卷心菜、花菜、甜椒等蔬菜也会遭遇钻心虫。其实只要温度、湿度适宜，各种叶菜都很容易招虫。买菜不能太看重卖相，外表漂亮水灵的蔬菜不一定安全。蔬菜上干干净净一点虫眼都没有，有可能是农药打多了。每年的 4 月至 10 月通常是豇豆虫害的高发期，如果看到豇豆上有少许虫眼，不必那么排斥。

健康提示：未烧熟的豇豆不能吃

生豇豆中含有两种对人体有害的物质：溶血素和毒蛋白。吃了生豇豆或未炒熟的豇豆后，这两种毒素对胃肠道有强烈的刺激作用，轻者会感到腹部不适，重者则出现呕吐、腹泻等中毒症状，尤其是儿童更为严重。因此，一定要将豇豆充分加热煮熟或炒熟，这样，豇豆中的有害物质才会分解成无毒物质。

肉制品选购篇

我国是一个崇尚美食的国度，以肉为食材制成的肉制品种类繁多，风味多样，但是也给安全选购带来了一定难度，不过只要用心，一样能买到安全的美味肉制品。

如何选购肉制品？

1. 看包装。包装要密封，无破损。不要购买散装肉制品，这些产品容易受到污染，质量无保证。

2. 看标签。选购加贴“QS”标志的产品。产品包装上应标明品名、厂名、厂址、生产日期、保质期、产品标准、配料表、净含量等。

3. 看生产日期。应尽量挑选近期生产的产品。因为产品存放时间越长，氧化现象就越严重，质量和口感都会受影响。

4. 看储存温度要求。熟肉制品一次购买量不宜过多，已开封的肉制品一定要密封，最好在冰箱中冷藏保存，并尽快食用。尤其是夏季高温季节更应注意。

5. 看产品外观色泽。颜色过于鲜艳的肉制品有可能添加了过量色素，建议不要购买。

6. 闻气味。闻肉制品的气味是否正常，有无酸败腐臭异味。

肉一定要煮熟煮透才能食用

烹调肉时，所用的案板、刀具等一定要清洗干净，注意生熟分开，切生肉的刀具、盛放的容器不可用来加工和盛放熟制品，以避免交叉污染。烹饪肉类时，一定要煮透，大块肉的中心温度要达到 70℃以上，并且能持续

10 分钟以上；心、肝、肾等内脏器官是畜禽体内容易发生病变的部位，一定要煮熟、煮透才可食用，不能只考虑肉质的鲜嫩而忽略了自身的健康维护。

不宜吃肉的人群

吃肉的目的是获取优质蛋白质，但是蛋白质对于急性肾炎病人却是十分不利的，因为蛋白质在人体内的代谢产物——尿素要经肾脏排出体外，会增加肾脏的负担。所以，急性肾炎病人忌食高蛋白的肉制食品，也要少摄入植物蛋白（如黄豆及豆制品）。

野味肉制品的美味吸引了不少美食爱好者，而对于有某种异性蛋白过敏史的人士来说，却不可多食。

另外，重感冒的人也不宜吃热量较高的肉制品，如羊肉、狗肉等。

如何做到合理食肉？

按照饮食标准，每人每天平均需要摄取动物蛋白 44 至 45 克，这些蛋白除了从肉中摄取外，还可通过牛奶、蛋类等进行补充。因此，每天最好食用一次肉类，且最好在午餐时吃，摄入量以 200 克左右为宜，而晚餐则不宜大量吃肉。如果在早餐或晚餐时吃点鸡蛋和牛奶，一天的动物蛋白就完全可以满足了。

此外，食肉也要掌握少量、多样化这条原则，不偏食。老年人应以鱼、奶、蛋为主，再辅以其他肉类食品。猪、牛、羊、鸡的内脏胆固醇含量高，老年人应尽量少吃。

怎样买到新鲜安全的猪肉?

购买鲜猪肉一定要注意“认证认章”。目前市场上的合格猪肉都应盖有紫色(或红色)检验印章。无章无证的猪肉是私屠滥宰的猪肉,存在安全隐患。

要从感官上识别合格鲜猪肉和劣(变)质肉,可从以下几方面入手:

1. 看:观察肉的表面(肌肉、脂肪)组织的颜色、光泽和组织结构是否正常,肌肉红色均匀、脂肪呈乳白色且色泽均匀有光泽、组织结构紧密者为新鲜肉。若肌肉颜色发暗,脂肪灰绿色或发红,组织结构松弛,则为劣(变)质肉。如果猪肉表面呈水淋样,肌肉颜色发淡,可以判断为注水肉。

2. 摸:用手指触摸肉的表面,外表微干或湿润,不粘手,弹性好,指压凹陷立即恢复的为新鲜肉。表面湿润粘手、指压凹陷不能马上恢复原状的则是变质肉。若是注水肉,滑手、弹性差,用手按压时有水分渗出。

3. 闻:新鲜猪肉具有鲜猪肉的正常气味。病猪肉或是劣质肉会有药物气味、腐败气味、臭味或其他异常气味。

4. 观察肉汤:肉煮的汤透明、有芳香味、汤面聚集较大片的油滴的则为好肉。如果肉汤混浊不香、有酸味,则为劣(变)肉。

关于瘦肉精

瘦肉精并不是指某一种特定的物质,而是泛指能够降低脂肪、促进瘦肉生长的一类药物。这类药物实际上既不是兽药,也不是饲料添加剂,而是肾上腺类神经兴奋剂,临床上大多作为平喘类药物使用。“瘦肉精”一般指的是盐酸克伦特罗,其次还包括莱克多巴胺和

沙丁胺醇等十几种物质。它们的共同特征是,大大减少食用猪的脂肪、增加瘦肉,缩短猪的生长期。这些物质很难通过猪的代谢排出体外,而是聚集于肌肉、内脏等部位。人吃了大量摄入瘦肉精的这种猪肉后,会给健康带来巨大隐患。

相关科学研究表明,“瘦肉精”毒性较强,会让人出现心慌、头痛、恶心、呕吐、四肢无力等不良反应,尤其对高血压、心脏病、甲亢的患者及老年人的危害更大。长期食用含瘦肉精的肉类,有可能导致染色体畸变,诱发恶性肿瘤。

如何鉴别含瘦肉精猪肉?

观察猪肉皮下脂肪层的厚度。一般情况下,“瘦肉精”猪因吃药生长,其皮下脂肪层明显较薄,通常不足1厘米;而正常猪肉的脂肪层约为1至2厘米。

观察猪肉的颜色。喂过“瘦肉精”的瘦肉外观特别鲜红,纤维比较疏松;切成二三指宽的猪肉比较软,不能立在案板上;瘦肉与脂肪间有黄色液体流出;一般健康的瘦猪肉是淡红色,肉质弹性好,瘦肉与脂肪间没有任何液体流出。

购买时一定要看清该猪肉是否盖有检疫印章和检疫合格证明。

如何辨别含瘦肉精羊肉?

看肉质颜色:一般无添加瘦肉精的羊肉呈鲜红色,有添加剂的肉质呈深红色。

看肉壁厚薄:好的羊肉肉壁厚度一般在4至5厘米左右,有添加剂的羊肉肉壁一般只有2厘米左右。

闻肉的味道:正常羊肉有一股很浓的羊膻味,有添加剂羊肉的羊膻味很淡而且带有清臭。

看肉的肥膘:有瘦肉精的羊肉一般不带肥肉或者带很少肥肉,肥肉呈暗黄色。

识别假牛肉有妙招

目前市场上出现了用其他动物的肉冒充牛肉以获取高额利润的情况,这种用牛肉膏做成的假牛肉存在着一定的安全隐患。那么,牛肉膏里究竟藏了什么秘方,可以让其他动物的肉摇身一变成为牛肉呢?

牛肉膏的主要成分是新鲜肉类、各种氨基酸、I+G、味精、水解蛋白等,通常会用在方便面调料、肉制品、休闲食品、米线调料、调味品及鸡精等方面。它其实是一种复合添加剂,是食用香精的一种。其中I+G是一种添加剂,学名为核苷酸二钠,它是新一代的食品增鲜剂,可直接加入到食品中起增鲜作用,有"强力味精"之称。牛肉膏中的这些食品添加剂在一定安全剂量内食用,对人体并无危害,但若违规超量使用和长期食用,则对人体有危害,甚至可能致癌。

消费者可从色泽、气味、弹性等多个方面进行初步鉴别是否掺兑了牛肉膏。牛肉的脂肪呈白色或乳黄色，比猪肉的脂肪明显要少，猪肉有种特有的甜味，而牛羊肉气味较腥；一般来说，牛肉的纤维长度较长，肉质结构粗而紧凑；而猪肉的纤维长度较短，肉质结构细而松散；食用牛肉时会感到肉老，食用猪肉时会觉得肉嫩。

一定要选择有"QS"标志的火腿肠

火腿肠是深受大众喜爱的一种肉类食品，其特点是肉质细腻、鲜嫩爽口、方便，食用简单、保质期长。而火腿肠的质量也是参差不齐，因此购买时应注意选择有"QS"标志的产品。

1. 火腿肠产品有分级，一般在产品的标签上会标出该产品的级别。特级最好，优级次之，普通级最次。产品级别越高，含肉比例越高，蛋白质含量也高，淀粉含量低；产品级别越低，含肉比例会降低，蛋白质含量也低，而淀粉含量高。

2. 观察产品的标志与标注是否规范。火腿肠标签上应该标注生产日期、厂家、地址、电话、生产执行的标准、保质期、保存条件、原辅料等。如果标注不全，说明该产品未完全按照国家标准生产，最好不要购买。

3. 尽量购买品牌知名度高、老字号企业的产品，质量比较有保证。

4. 注意查看产品的生产日期，选购近期生产的产品。火腿肠的保质期较长，常温下为 180 天，但即使是在保质期内，产品的口味也会随着天数的增加越来越差，因为肉制品易被氧化，发生腐败，产品越新鲜口味越好，所以应该选近期生产的火腿肠。

5. 用手捏感觉一下肠体是否饱满、肠衣与内容物结合是否紧密、弹性是否好。一般来说，弹性越好的火腿肠肉的比例较大，蛋白质含量高，质量较好，口味也好。

6. 观察产品外观看其是否洁净、光滑，肠衣及两端卡扣是否完整，肠体有无鼓胀现象，若已胀袋说明产品已腐败变质。

7. 如果购买的火腿肠没有条件冷藏保存，则尽量购买可在常温下保存的产品，这种产品都会注明在25℃条件下的保存期限。

品质好的火腿清香无异味

火腿是块肉产品，因此内容物中必须有成块的肉。目前我国市场上销售的主要有方火腿和圆火腿。消费者在选购时可从外观、外形和气味等方面来进行把关。

1. 外观。品质较好的火腿，外观呈黄褐色或红棕色，边缘呈灰色，用手指按压感觉紧实，表面干燥，肉质结实，色泽均匀，切面为红色，即使在梅雨季节也不会有发黏和变色等现象。若表面附有一层黏滑物质或在肉面有结晶盐析出，则表明火腿中食盐添加较多，味道过咸。

2. 外形。以金华火腿为例，优质火腿脚细直、骨不露、油头小、刀工整齐干净，状似竹叶形的为佳品。

3. 气味。品质好的火腿气味清香无异味。如有炒芝麻的香味，表明肉层开始轻度酸败；如有酸味，表明肉质已经重度酸败；如有豆瓣酱味道，则表明腌制的盐分不足；若有哈喇味，则表明火腿已经因肥膘氧化而腐烂变质。

案例

"敌敌畏火腿"

前几年，敌敌畏火腿事件震惊全国，火腿里怎么会含有敌敌畏呢？

金华火腿分为“冬腿”和“季节腿”两种。“冬腿”就是冬季生产的火腿，质量上乘，价格也比较高。金华市冬季温度一般在0℃至10℃之间，是生产火腿的最佳季节。“季节腿”是指在春、夏、秋生产的火腿，这种火腿价格便宜，生产周期短，质量也较差。真正的金华火腿生产对季节有严格要求，但厂商为了获取更高的利润便在并不适合生产火腿的季节买进便宜的猪腿制作，在发酵保存几个月后，到旺季再销售出去。相对于冬季来说，春夏秋这三个季节温度较高，火腿很容易变质，生虫、生蛆。一些不法生产商为了防止蚊蝇和生蛆，就用敌敌畏等违禁药物来浸泡猪腿。

敌敌畏（简称DDVP）原药为无色透明液体，微溶于水，是一种毒性较强的有机磷农药，对人的伤害不言而喻，“敌敌畏火腿”自然对消费者的健康构成了巨大威胁。

卖相很好的酱卤肉制品不一定安全

酱卤肉制品是我国的传统肉制品，具有营养丰富、肉质细腻、携带方便、食用简单等优点。购买时，如看到颜色格外鲜亮、卖相很好的酱卤肉就需要多加留心，因为很有可能是亚硝酸钠和色素使用超标。

优质酱卤肉的肉质应新鲜，外观为完整的自然块，洁净，略带酱红色，呈肉制品因有的自然色泽，无异物附着，肉质切面整齐平滑，结构紧密结实，有弹性，有油光，具有酱卤肉的风味。如果是包装好的酱卤肉制品，则要看其外包装是否完好或有无破损。真空包装的，要仔细查看其真空度是否完好，如发现有膨胀或是胀袋现象，说明已经变质，不可食用。同时还要查看产品的生产日期、保质期，防止买到过期产品。

除感官鉴别外，最好到质量有保证的超市或是大商场购买有品牌的酱卤肉，而一些无牌无说明的产品，多数是小作坊或私人生产的，质量上很难保证。

从色泽和气味可以判别腌腊肉制品的好坏

质量好的腊肉色泽鲜亮，肌肉呈鲜红色或暗红色，脂肪透明或呈乳白色。表面无盐霜，肉身干爽结实，富有弹性，肥肉白色、微黄色或透明，指压后无明显凹痕，具有其固有的香味。变质的腊肉色泽灰暗无光泽，脂肪呈黄色，表面有霉斑，揩抹后仍有霉迹，肉身松软无弹性，指压后凹陷不易恢复，肉表面有黏液，呈酸败味或有哈喇味。

质量好的咸肉，肉皮干硬，表面干净，呈现苍白色，无黏稠状，肌肉结构紧密，切面平坦，色泽鲜红或呈玫瑰色、无斑点；脂肪白色，质结实；无哈喇味及其他异味。质量较差的咸肉皮色呈灰白色、黏滑、软化，肌肉结构疏松、切面暗红或呈灰绿色，并且伴有哈喇味。

如何选购干肉制品

干肉制品中最具代表性的产品为肉松，以质地蓬松柔软、有弹性、色泽鲜亮、肉质鲜嫩、香味纯正、浓厚、无肉筋碎骨、食后无渣滓等者为佳品，反之则质量较差。消费者在选购肉松产品时，应注意查看产品的配料表等信息，如果配料表中有淀粉成分，说明产品是肉松粉，肉松粉的蛋白质

干肉制品

等营养成分含量相对比普通肉松要少些。

干肉制品具有重量轻、体积小、便于携带、运输和贮藏等优点，且含有充足的动物性蛋白，其含量远高于鸡蛋，对增强人的体质有很大帮助。干制品的名称一般随原料、配料及形状等不同而异。

干肉制品水分含量较低，产品品质较稳定，常温条件下保存即可，开封后应尽快吃完。尽量购买有包装的肉干、肉脯产品，这样可以避免产品在运输和销售时受到二次污染。

尽量不要在小贩处购买无任何产品标识的散装产品，因为这些产品无质量保证且容易受到外界的污染。

蛋制品选购篇

在食品家族里，蛋类个头娇小，其貌不扬，默默无闻地为人们奉献着营养，一直是消费者较为喜爱的食品。蛋制品种类也很丰富，部分产品经过特殊的加工制作，更具有别样的风味。

毛糙有"白霜"的是新鲜禽蛋

禽蛋，被营养学家授予了"人类最好的营养源""天然最接近母乳的蛋白质食品"等桂冠，许多研究人员也将其列为蛋白质食品中最低碳、最环保的食品。

鲜蛋的感官鉴别方法

蛋类食品是老百姓日常饮食的重要内容，鲜蛋的感官鉴别方法有：

一看。优质鸡蛋的蛋壳清洁、毛糙，有一层"白霜"，无裂纹。劣质鸡蛋蛋壳表面的粉霜脱落，壳色油亮，呈乌灰或暗黑色，有油样浸出，有较多或较大的霉斑。

鸡蛋

二摸。优质鸡蛋拿在手里发沉，有压手的感觉。次质鸡蛋，蛋壳有裂纹或破损，手摸有光滑感，手掂重量轻。劣质鸡蛋手摸有光滑感，掂量时过轻或过重。

三听。将三只蛋拿在手里相互轻碰，优质鸡蛋发出的声音实，相互碰击声音清脆。把蛋夹在两指之间，放近耳边轻轻摇动，声音沉实的是优质鸡蛋。劣质鸡蛋相互碰击时会发出“啪啪”声、“空空”声。

四闻。用嘴向蛋壳上轻轻哈一口热气，用鼻子嗅闻鸡蛋气味。优质鸡蛋有轻微的生石灰味，无异味，有蛋腥气。劣质鸡蛋有轻微的生石灰味或轻度霉味，甚至有酸味、臭味等不良气味。

健康提示

（1）吃蛋必须煮熟，不要生吃，打蛋时也需提防沾染到蛋壳上的杂菌。不吃毛蛋、臭蛋。

（2）婴幼儿、老人、病人吃鸡蛋以煮、卧、蒸、甩为宜。

（3）高胆固醇血症患者尤其是重症患者，应尽量少吃或不吃鸡蛋。患有肾脏疾病的人也要慎食鸡蛋，以免增加肾脏负担。

蛋壳颜色与营养有关吗？

蛋壳的颜色有白、浅褐、褐、深褐和青色之分。有人偏爱红壳蛋，有人喜欢青壳蛋，认为营养价值更高。其实，鸡蛋的营养价值高低，主要取决于饲料的营养结构与鸡的摄食情况，与蛋壳的颜色无多大关系。一般产蛋初期壳色最深，然后逐渐变浅，产蛋量高的母鸡其蛋壳颜色较浅。现在通过选育也可以改变蛋壳颜色的深浅。因此蛋壳颜色并不能用于判断是否为柴鸡蛋，以及其营养价值是否高。

个头小的鸡蛋就是柴鸡蛋吗？

蛋重受遗传因素的影响较大，不同品种的鸡产蛋的重量不同，生理阶段会影响蛋重，营养因素和饲料管理对蛋重也有一定的影响。过去柴鸡蛋重量较小，但是重量小的并非全是柴鸡蛋，现代科技发展至今，人们可以根据需要培育蛋形大小不同的鸡种。因此，仅从蛋的大小上来区分是否为柴鸡蛋并不科学。

咸蛋一定要选无裂纹和霉斑的

咸蛋是以鲜蛋为原料，用盐水或含盐的纯净黄泥、红泥、草木灰等腌制而成的蛋制品。咸蛋经过腌制后，贮藏时间明显增加，而且味美可口。目前咸蛋的加工方法主要包括盐泥涂布法、草灰法和盐水浸渍法等。

安全选购技巧

（1）外观鉴别。

优质咸蛋：真空包装的咸蛋无漏气或胀袋现象，包装完整无损，剥掉包装后或直接用盐水腌制的可见蛋壳也完整无损，无裂纹或霉斑。生咸蛋摇动时有轻度水荡漾的感觉。

次质咸蛋：外观无显著变化或有轻微裂纹。

劣质咸蛋：隐约可见内容物呈黑色水样，蛋壳破损或有霉斑。

（2）去壳后鉴别。

优质咸蛋：生咸蛋打开可见蛋清稀薄透明，蛋黄呈红色或淡红色，浓缩黏度增强，但不硬固；煮熟后咸蛋的蛋白细腻，咸淡适中，蛋黄质地有细沙感，油多味美。

次质咸蛋：生蛋打开后蛋清清晰或为白色水样，蛋黄发黑黏固，略有异味；煮熟后打开蛋清略带灰色，蛋黄变黑，有轻度异味。

劣质咸蛋：生蛋打开后蛋清浑浊，蛋白较烂、腐腻、咸味较大，蛋黄大部分已融化，蛋清、蛋黄全部呈黑色，有恶臭味；煮熟后打开，蛋清灰暗或呈黄色，蛋黄变黑或散成糊状，严重者全部呈现黑色，有臭味，不能食用。

红心咸蛋一定含“苏丹红”吗？

许多消费者认为农家蛋没有污染、营养价值更高，因此农家蛋的市场售价也相对较高。人们多将蛋心是否微红作为区别农家蛋与普通蛋的主要标志，于是一些不法商贩为了谋取利益，不惜在养殖饲料中添加苏丹红来改变蛋黄的颜色，以冒充农家蛋。农家蛋蛋心较红是因为在饲养过程中用了含有天然红色色素的南瓜籽、玉米等饲料，与苏丹红蛋有本质的区别。

2006 年，“红心鸭蛋”事件发生，人们在鸭蛋中发现了苏丹红。苏丹红是一种人工合成的红色染料，常作为工业染料被广泛用于溶剂、油、蜡、汽油的增色以及鞋、地板等增光方面，是一种亲脂性偶氮化合物，它主要有Ⅰ、Ⅱ、Ⅲ和Ⅳ4 种类型。肝脏是苏丹红Ⅰ产生致癌性的主要靶器官，此外，苏丹红还可引起膀胱、脾脏等脏器的肿瘤。苏丹红Ⅰ具有致敏性，可引起人体皮炎。2005 年，我国卫生部发布《苏丹红危险性评估报告》。该报告通过对“苏丹红”染料系列亚型的致癌性、致敏性和遗传毒性等危险因素进行评估，最后得出结论：苏丹红对人体健康造成危害的可能性很小，偶然摄入含有少量苏丹红的食品，引起的致癌性危险不大，但如果经常摄入含较高剂量苏丹红的食品就会增加致癌风险。2008 年，卫生部在发布的《食品中可能违法添加的非食用物质名单（第一批）》中明确将苏丹红Ⅰ号列入非食用物质。

虽然苏丹红鸭蛋让老百姓谈“红”色变，但“红心蛋”并不一定就是含苏丹红鸭蛋，因为用含有天然色素的红玉米等喂养的农家鸡生出的蛋其蛋心也多呈红色。目前，由于还没有简易的方法区分正常的红心蛋和苏丹红鸡蛋，因此，建议消费者除到农家以及正规渠道购买红心蛋外，不要购买任何来历不明的红心蛋品。

健康提示

（1）咸蛋在盐水浸腌的过程中，蛋壳中的大量钙质会溶解到蛋清和蛋黄中，可防治骨质疏松。

（2）高血压、糖尿病患者、心血管病、肝肾疾病患者应少食，孕妇、寒湿下痢者不宜食用。

颜色较黑绿或有黑点的皮蛋不宜选购

皮蛋，也称松花蛋。传统工艺加工皮蛋时，要将纯碱、石灰、盐、黄丹粉（氧化铅）等按一定的比例混合，再在外面裹上泥和糠，这样制成的皮蛋会有美丽的花纹。用改良工艺生产皮蛋是以其他盐类代替铅盐生产。国家标准规定，每1000克松花蛋铅含量不得超过3毫克，符合这一标准的皮蛋又叫无铅皮蛋。

安全选购技巧

（1）查看质量认证标志。铅、铜含量高的皮蛋，蛋壳表面的斑点会比较多，剥壳后可看到蛋白部分颜色较黑绿或偶有黑点，这样的皮蛋不宜选购。建议选购包装完整、标识清楚的产品。

（2）外观鉴别。首先要看外表泥状包料是否完整，有无破损、霉斑；也可用手掂动以感觉其弹性，或手握皮蛋摇晃听其声音；尽量选择个头稍大的皮蛋。

优质皮蛋：外表泥状包料完整、无霉斑，除掉包料后蛋壳完整无损，用手抛起约30厘米自然落在手中时有弹性，摇晃时无动荡声音。

次质皮蛋：外观无明显变化或裂纹，抛动试验弹动感差，蛋壳有斑点或破、漏现象，有的内容物已经被污染，摇晃后有水荡声或感觉轻飘，这种皮蛋水分少，硬如橡皮，不易消化。

（3）去壳后鉴别。将皮蛋剥去包料和蛋壳，观察内容物性状并品尝其滋味。

优质皮蛋：整个蛋凝固、不粘壳、清洁而有弹性，呈半透明的棕黄色，有松花样纹理，将蛋纵向剖开可见蛋黄呈浅褐色或浅黄色，中心较稀，芳香、无辛辣气味。

次质皮蛋：内容物或凝固不完全，或少量液化贴壳，或僵硬收缩，蛋清色泽暗淡，蛋黄呈墨绿色，有辛辣气味或橡胶样味道。

劣质皮蛋：蛋清黏滑，蛋黄呈灰色糊状，严重者大部分或全部液化呈黑色，有刺鼻恶臭或有霉味。

案例

“毒皮蛋”事件

2013年6月，中央电视台曝光了江西省南昌“毒皮蛋”事件，让不少市民闻“蛋”色变。被曝光的“毒皮蛋”是用工业用硫酸铜浸泡制成，由于产量高、流通快、成本低，这种方法成为不良厂商的选择。用工业硫酸铜浸泡过的皮蛋对胃肠道有强烈刺激作用，同时还会增加肝肾的负担，长期大量食用这种皮蛋容易引起重金属中毒，对神经系统和血液系统都有一定的影响。其中，镉易引起皮肤病变、神经、消化和心血管系统障碍，铅对神经系统和血液系统都有一定的影响，砷可抑制人体一些酶的活性，同时对血管壁有直接损伤，所以食用“毒皮蛋”可能会引发贫血、记忆力下降、肝肾损伤等症状，建议广大消费者购买正规厂家的产品。

健康提示

（1）儿童不宜多吃皮蛋。在传统工艺腌制皮蛋的原料中，由于使用了氧化铅，因而皮蛋的含铅量比鲜鸡蛋和咸蛋都高许多，多食会对儿童的智力发育产生影响。

（2）吃皮蛋时宜加醋。皮蛋因加工的关系，蛋白和蛋黄中含有大量纯碱成分，食用时放入适量的醋，能中和其中的碱，使胃壁免受刺激损害，酸性消化液不受损失。

（3）脑萎缩患者禁食皮蛋。

优质蛋粉呈黄色或淡黄色

蛋粉是以鲜蛋为原料，经打蛋、过滤、巴氏杀菌等加工处理，最终干燥制成的蛋制品，可分为全蛋粉、蛋黄粉和蛋清粉等。

安全选购技巧

应购买生产标示规范、齐全的蛋粉制品，产品标签上应标明产品名称、净含量、配料表、生产日期、保质期、厂名、厂址、产品执行标准号、QS标志等。此外，还可从以下几方面进行鉴别：

（1）色泽鉴别。优质蛋粉色泽均匀，呈黄色或淡黄色；次质蛋粉色泽无改变或稍有加深；劣质蛋粉色泽不均匀，呈现淡黄色至黄棕色不等。

（2）状态鉴别。优质蛋粉呈粉末状或极易散开的块状，无杂质；次质蛋粉稍有焦粒、熟粒，或有少量结块；劣质蛋粉易板结成硬块，霉变或生虫。

（3）气味鉴别。优质蛋粉具有蛋粉的正常气味，无异味；次质蛋粉稍有异味、无臭味和霉味；劣质蛋粉有异味、霉味等不良气味。

乳制品选购篇

如今，在大型超市的货架上和普通百姓家的冰箱里都可以看到不同品种和包装的乳制品。这些美味的乳制品是民众补钙增营养的好帮手，可是三聚氰胺奶、皮革奶也让不少消费者在琳琅满目的乳制品面前无所适从。那么，怎样才能买到既安全又营养的优质乳制品呢？本书将作一些介绍。

液态奶 VS 三聚氰胺

液态奶是指将健康奶牛所产的鲜乳汁经有效的加热杀菌处理后分装出售的饮用牛乳，主要包括纯牛乳和调制乳。

目前市场上供应的纯牛奶采用两种消毒方法。一种是巴氏消毒法，用这种方法生产的“低温杀菌牛奶”，其优点是牛奶中的营养成分基本没有发生变化，缺点是仅仅杀灭了牛奶中的病毒，而不是杀灭所有的微生物，因此巴氏消毒乳并不适合远距离运输。另一种是超高温灭菌法，经超高温灭菌的牛奶，有害细菌和微生物包括其孢子全部被杀灭，营养成分却不受影响，再结合产品包装，可与外界空气完全隔离，使得牛奶不再受到细菌污染，还可避免受阳光和氧气作用导致营养素的进一步被破坏。这种牛奶在常温下的保质期长，方便消费者在任何场合饮用，目前灭

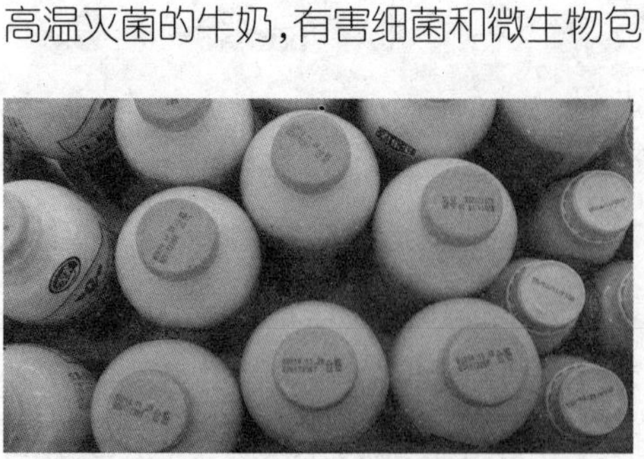

乳制饮品包装上的保质期标识

菌乳占据了绝大多数市场份额。

调制乳是以不低于80%的生牛(羊)乳或复原乳为主要原料,添加其他原料或食品添加剂或营养强化剂,采用适当的杀菌或灭菌等工艺制成的液态产品。市面上许多早餐奶、高钙奶就是调制乳的典型代表。

安全选购技巧

选购液态乳产品时,应注意以下两点:

购买时,尽量到冷藏条件较好的超市和商场;选择品牌知名度高且标识说明完整、详细的产品,切勿贪图便宜,随意购买小厂的产品。

"含乳饮料"和液态乳

要特别注意产品生产日期和保质期。不同种类、不同包装的产品其保质期和保存方法也不一样,若保存方法不当或包装膨胀、破损,最好不要购买。

购买巴氏消毒奶,一定要注意冷藏,回家后尽快放入冰箱,因为在常温下这种消毒过的牛奶很容易变坏,尤其在夏天,高温更容易使牛奶变质。如果发现牛奶有胀包现象,或牛奶中有结块、分层等,说明牛奶已经开始变质,千万不能食用。

购买超高温灭菌奶,在开启前不需要冷藏。一旦包装打开,若饮用不完,剩余的牛奶就要及时放入冰箱,并且要在24小时内喝完。因为无菌包装一旦打开"大门",外界的细菌就会"乘虚而入",污染牛奶。

液态乳中,非脂乳固体和蛋白质的含量越高,产品的营养价值就越高,价格相对也会较高。巴氏杀菌纯牛乳要求蛋白质含量必须在2.9%以上,非脂乳固体要求在8.1%以上。而灭菌乳因有灭菌调味乳和灭菌纯牛乳之分,故对蛋白质含量分别要求为2.3%和2.9%以上,非脂乳固体为6.5%和8.1%以上。而根据国家标准,乳饮料中的蛋白质及脂肪的含量均应大于 1.0%。因此,含乳饮料的营养价值不能与纯牛乳、调味乳相提并论。市场上有一些含乳饮料的包装袋上往往用大号字标有“活性奶”“鲜牛奶”等模糊名称,仔细看时,才会发现旁边还有一行小字“含乳饮料”,消费者需要仔细分辨清楚。

案例

三聚氰胺——营造虚高的蛋白质指数

2007 年,美国爆发了猫和狗摄入含有三聚氰胺和氰尿酸的宠物食品而造成肾衰竭的大规模疫情,经查系有人蓄意在宠物食品中掺入了三聚氰胺。2008 年 9 月 11 日,我国爆发了三鹿三聚氰胺事件,发现婴幼儿乳粉中含有三聚氰胺,国家因此启动了重大食品安全事故一级响应预案。2008 年 10 月 8 日,国家卫生部等五部门公布乳与乳制品中三聚氰胺临时管理限量值。2011 年 4 月 20 日,五部门联合发布公告,规定婴儿配方食品中三聚氰胺的限量值为 1 毫克/千克,其他食品中三聚氰胺的限量值为 2.5 毫克/千克,高于上述限量的食品一律不得销售。这一事件使国内乳企遭遇了空前的信任危机。三聚氰胺事件前,我国拥有 1600 余家乳品企业;经过整治,中国乳品企业缩减至约 600 家,其中超过百亿的企业 3 家,超过 20 亿的企业接近 10 家,约 20 家企业占据了整个乳品市场份额的 90%。

三聚氰胺简称三胺,俗称密胺、蛋白精,是一种三嗪类含氮杂环有机化合物,也是重要的氮杂环有机化工原料。主要用来生产三聚氰胺树脂，用于装饰板、氨基塑料、黏合剂、涂料以及造纸、纺织、皮革等行业。

一般国家标准针对乳制品和含乳食品均有蛋白质含量要求，部分违法分子为了掩盖产品蛋白质不足的缺陷，添加三聚氰胺，通过不正当手段增加产品蛋白质含量，造成蛋白质含量的“假达标”。在液体乳、乳粉、婴幼儿乳粉、含乳饮料、植物蛋白饮料、含乳糖果、冷冻饮品等食品中均有可能违禁使用。三聚氰胺不属食品添加剂，是国家明令禁止的非法食品添加物。

长期摄入三聚氰胺会造成生殖、泌尿系统的损害，导致膀胱、肾部结石，并可进一步诱发膀胱癌。三聚氰胺在胃的强酸性环境中会有部分水解成为三聚氰酸，因此只要含有了三聚氰胺就相当于含有了三聚氰酸，三聚氰酸和三聚氰胺形成大的网状结构，造成结石，对婴儿健康构成威胁。

令人欣慰的是，近年来，我国逐步出台了一系列乳品安全标准，对产品的覆盖面、产品标准、检测标准等都有了更严格的要求。从质监部门监督抽查对消费者特别关注的婴儿配方奶粉质量监测结果来看，国产奶粉检测不合格率为 0.77%，相应一些进口乳品则为 1.13%；同时，国产奶粉中三聚氰胺等非法添加物已达到零检出。

健康提示：牛奶最好在傍晚或临睡之前半小时饮用

据美、英两国医学专家研究发现，牛奶中含有两种过去人们未知的催眠物质，其中一种是能够促进睡眠的以血清素合成的色氨酸，由于它的作用，往往只需要一杯牛奶就可以使人入睡；另外一种则是具有类似麻醉镇静作用的天然吗啡类物质。所以，在早晨饮奶会使人的大脑皮层受到抑制，影响白天的工作和学习。此外，早晨饮奶也不利于消化和吸收，这是

因为牛奶的蛋白质要经过胃和小肠的分解形成氨基酸后才能被人体吸收,而早晨空腹状态下,胃、肠的排空是很快的,牛奶还来不及消化就被排到了大肠。所以营养专家们认为,牛奶最好在傍晚或临睡之前半小时饮用。

此外,袋装牛奶不宜直接加热食用。许多人都习惯早晨起来把袋装牛奶直接放进微波炉里或放在开水里加热当早餐,这样的加热方法是不科学的,因为包装袋遇热分解产生的物质对健康存在隐患。

什么发酵乳才安全营养?

通过乳酸菌制成的乳制品称为发酵乳,是人类最古老的食品之一。

很多人认为发酵乳就是酸乳或酸奶,但按照最新的乳品安全国家标准规定,发酵乳是一个综合名称。市售的发酵乳产品品种繁多,如果以发酵菌种的存活与否为判断依据,可分为“活菌型”产品和“非活菌型”产品两大类。“活菌型”产品中有活的乳酸菌等发酵菌种,乳酸菌会随着环境温度的升高快速繁殖、快速死亡,口味也会随之发生改变,其营养价值也会大大降低。为了保证菌种的活性,产品必须在 2 ~6℃冷藏条件下保存,且保质期通常不超过 30 天,否则容易变质。“非活菌型”则不含有活的乳酸菌等发酵菌种,有的商家标注为“杀菌型”。这类产品由于进行了灭菌,因此保质期在常温条件下可以达几个月之久,但已不具有活菌的功能。发酵乳营养丰富，“活菌型”产品尤其有益健康。

有的酸乳产品还会在外包装上标注“凝固型”或“搅拌型”。凝固型酸奶的发酵过程是在包装容器中进行的，成品因发酵而保留了凝乳状态。我国传统的玻璃瓶和瓷瓶装的酸奶即属于此类型。这种酸奶的凝胶非常脆弱，在搬运过程中的晃动很容易引起酸乳的脱水收缩，从而造成一些形状和质地上的缺陷。因此，我们常会看到玻璃瓶装的酸奶中的乳蛋白结成了大块，而许多浆状的液体围绕在其周围。搅拌型酸奶是将接种后的牛奶放置在大型的发酵罐中接种发酵，在发酵成型后轻微搅拌，得到平滑且有黏性的可流动凝胶，有的产品还会加入一些果料、果酱或果味香精等来调味，最后再将调好的酸乳进行罐装，最终产品性状呈半流体状。由于搅拌型酸奶生产的同一批产品品质均一，处理量大，很适合大批量的生产，因此我们现在市面上见到的绝大多数都是搅拌型酸奶。

安全选购技巧

以酸乳为例，消费者应优先选择到正规商场、超市或专卖店购买，选择标识规范完整的知名大中型厂家生产的名牌产品，在看清产品类别及配料表的基础上，结合以下原则进行选购：

首选纯酸乳。留意看配料表，原料种类越少越好。纯酸乳一般不添加任何香精、增稠剂、凝固剂，是最天然、对奶源质量要求也最高的酸乳，因此营养也最高。

优选“活菌型”酸乳。“活菌型”产品由于乳酸菌的存活，相对“非活菌型”产品，尤其有益健康。“活菌型”产品必须在2℃～6℃冷藏条件下保存，保质期较短。“非活菌型”产品保质期可达几个月之久，但里面已没有乳酸菌存活，无法发挥这些益生菌的作用。

慎选风味酸乳。很多人喜欢果味酸乳和加了果肉的酸乳，认为可以在喝酸乳的同时补充到水果的营养，其实不然。这类产品真正含有的果粒很少,其成分几乎全部来自于添加的果酱。而为了表现出水果的味道,这种酸奶会加入更多的糖、香精等添加剂。因此应尽量选择原味酸乳或纯酸乳。

案例

"工业明胶"与"老酸奶"

2012年,"吃果冻、喝老酸奶等于吃进去一双破皮鞋?"这样的质疑引爆互联网。"大皮鞋酸奶"让消费者又惊又怒。消费者发现热销的"老酸奶"产品中明胶含量本就高于普通酸奶,再加上身陷营养疑云,因此老酸奶的"中枪"也就在情理之中。消费者质疑的关键就在于:这些"老酸奶"产品中所使用的明胶到底是"食用明胶"还是"工业明胶"。

为了使酸奶口感更加浓厚而加入的食品添加剂称为增稠剂。增稠剂品种很多,如改性淀粉、果胶、黄原胶等,也包括食用明胶。国家对食用明胶的制造有着严格规定,必须要使用新鲜、经过严格检疫、未经任何化学处理的动物骨骼或原皮加工,且必须用全封闭的流水线进行烘干和粉碎。工业明胶是以制革工业的废革或皮革边角料为原料提取而成,业内人士称之为"蓝矾胶"。作为工业原料,工业明胶生产过程的控制和要求不像食品原料那么严格,其中含大量对人体有害的重金属如铬和铅等重金属污染物。明胶是水溶性蛋白质的混合物,它没有固定唯一成分,因此目前国内尚无方法和标准检测确认是否为工业明胶,只能检测明胶产品或使用明胶的食品中铬及其他重金属含量是否符合标准要求。

重金属如果在人体的某些器官中累积,会造成慢性中毒。铬是动物和人体必不可少的微量营养素之一,它的毒性与其存在的价态有关，六价铬比三价铬毒性高100倍，会对皮肤黏膜造成刺激和腐蚀作用，导致皮炎、溃疡、鼻炎、鼻中隔穿孔、咽炎等，严重时会使人体血液中某些蛋白质沉淀，引起贫血、肾炎、神经炎等疾病。重金属铅会导致人肠绞痛、贫血和肌肉瘫痪等病症，严重时可发生脑病。

食品级明胶是常见的合法食品添加剂，不会对人体健康产生危害，人们需要提防的是用皮革下脚料制成的工业明胶。2009年，卫生部发布的《食品中可能违法添加的非食用物质名单(第三批)》中明确将工业明胶列入非食用物质。

如今的“老酸奶”是在普通酸奶的基础上，人为添加了明胶、琼脂、卡拉胶、果胶等食品增稠剂。从严格意义上说，老酸奶应当叫“酸奶冻”，它的生产工艺并没有增加酸奶的营养价值，既没有多加保健菌，也没有多加营养素。传统做酸奶的牛奶原料必须是蛋白质含量较高的原料，抗生素含量必须低，杂菌含量必须少，才能顺利做出酸奶凝冻。而现在有了食品添加剂帮忙，即使原料蛋白质含量低，也不妨碍做成凝冻状态，原料要求反而降低了。因此，对市面销售的“老酸奶”产品应谨慎选购。

健康提示

(1) 酸奶中的某些菌种及所含的酸性物质对牙齿有一定的危害，容易导致龋齿，所以饮后要及时用白开水漱口。

(2) 不要用酸奶代替水服药，特别是不能用酸奶送服氯霉素、红霉素、磺胺等抗生素及治疗腹泻的一些药物；空腹不宜喝酸奶，在饭后2小时内饮用，效果最佳。

(3) 酸奶在制作过程中会添加蔗糖作为发酵促进剂，有时还会用各种糖浆调料，所以酸奶本身也含有一定的热量。如果在原有膳食基础上额外多吃，同样会导致体重增加。对体重有特殊要求的人可以选择标有“脱脂”和“低热量”字样的酸奶，虽然它们的味道不如全脂酸奶那么浓郁醇厚，但是热量低，不会使热量在体内很快堆积而发胖。

（4）酸奶并非老少皆宜。胃肠道手术后的病人、腹泻患者以及1岁以下婴儿，都不宜喝酸奶。即使是健康成年人也不能过量饮用，否则很容易导致胃酸过多，影响胃黏膜及消化酶的分泌、降低食欲、破坏人体内的电解质平衡。

（5）一般来说，每天喝两杯酸奶，每杯在125克左右比较合适。

如何选购奶粉

洋奶粉就一定好吗？

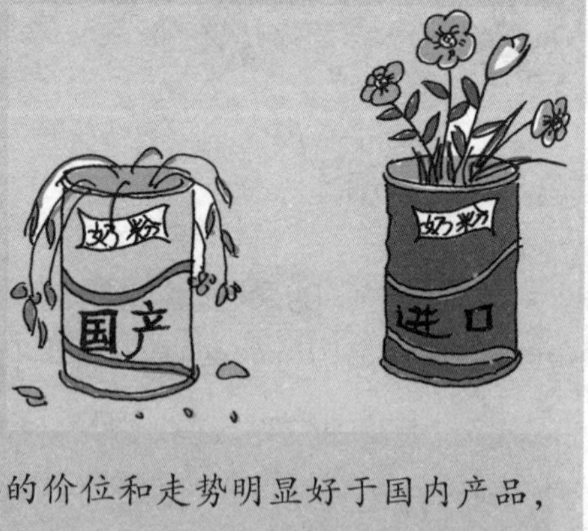

奶粉是以生牛（羊）乳为原料，经加工制成的粉状产品。目前，我国消费者在奶粉消费方面存在许多误区，以为奶粉还是国外的好。实际上国内奶粉和国外奶粉在质量上无明显差别，有的优质国产奶粉在品质上还高于国外产品，但在市场上国外产品的价位和走势明显好于国内产品，许多家长往往认为越贵的越安全，盲目跟风追求高端洋奶粉，认为洋奶粉的奶源更安全，技术更高。

其实，各个品牌的奶粉基础营养成分都是一样的，吃高端奶粉的婴儿们身体或智力未必发育得更好。奶粉的基础营养成分包括蛋白质、脂肪、碳水化合物等婴儿生长需要的基本物质，能上架销售的奶粉都是符合婴儿生长规律达到国家统一标准的产品，不同品牌奶粉仅仅在口感、微量元素含量和厂家自己添加的一些不同物质等方面有细微差别，如现在市场上炒得很火的 DHA 等，而这些并不直接影响婴儿的正常生长发育。换句话说，再贵的奶粉，它含的基础成分跟其他奶粉也是一样的。

国外洋奶粉企业正是利用我国消费者的心理，对下游经营者进行了不同形式的转售价格维持，如固定转售商品的价格或限定转售商品的最低价格等，致使洋奶粉价格居高不下。2013 年 3 月开始，国家发展改革委员会价格监督检查与反垄断局对合生元、美赞臣、多美滋、雅培、富仕兰（美素佳儿）、恒天然、惠氏、贝因美、明治等多家洋乳粉生产企业开展了反价格垄断调查，结果证明这些企业事实上达成并实施了销售乳粉的价格垄断协议，违反了我国《反垄断法》的规定，不正当地维持了乳粉的高价销售，严重排除、限制同一乳粉品牌内的价格竞争，削弱了不同乳粉品牌间的价格竞争，破坏了公平有序的市场竞争秩序，损害了消费者利益。国家发展改革委员会为此开出了我国反垄断史上的最大罚单。

安全选购技巧

（1）选择口碑好、专业性强企业生产的知名产品。同样的原料，不同的企业生产出的产品可能完全不同。专业代表专注、专一，代表行业领先水平，没有强大的实力和专业的生产背景，是不可能多年如一日地生产出好奶粉的。

（2）注意产品包装的完整性。无论是罐装还是袋装奶粉，生产厂家为了延长奶粉保质期，通常都会在包装物内填充一定量的氮气。罐装奶粉应注意密封性能是否良好，袋装奶粉可以用双手轻轻挤压一下，观察有无漏粉或漏气。

（3）看营养成分表中标明的营养成分是否齐全、含量是否合理。最贵的产品不一定就是最适合的产品。如果仔细研究一下各种奶粉的配方成分表，很容易就会发现，其实从奶粉的配方角度来讲，营养成分大同小异，同类产品的价格不应该相差很多。纵然个别奶粉成分技术领先，却未必适合具体消费者的体质，应根据包装上的配方、性能、适用对象、使用方法等选择合适的产品。如婴幼儿配方奶粉的选购就要看清产品适用宝宝的年龄段。

（4）注意看保质期。要挑选生产日期较近的奶粉。

乳业巨头恒天然集团部分产品检出肉毒杆菌事件

2013 年 8 月 2 日下午，乳业巨头恒天然集团向新西兰初级产业部通报旗下部分产品可能含有肉毒杆菌毒素，随后，初级产业部将情况通报主要海外市场的政府监管机构，并加紧调查核实。2013 年 8 月 3 日，新西兰初级产业部对外宣布该事件，声称受污染的产品可能被用于婴儿配方奶粉和运动饮料的生产。恒天然集团当即向其 8 家客户（包括中国 3 家）提醒产品肉毒杆菌问题。我国国家质检总局要求新方立即采取措施，防止问题产品影响中国消费者健康，并要求进口商立即召回可能受污染产品，同时还要求各地检验检疫机构进一步加强对新西兰输华乳制品的检验监管。

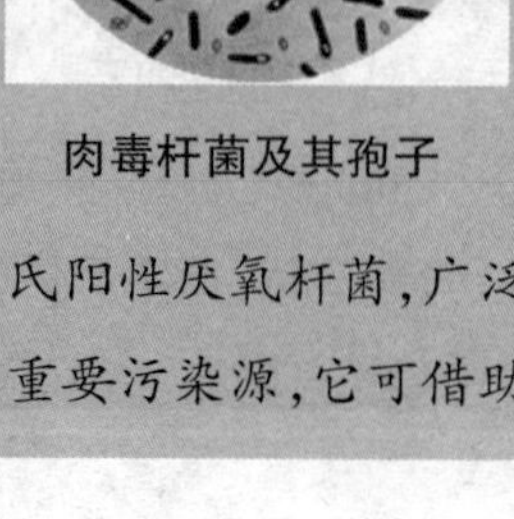

肉毒杆菌及其孢子

肉毒杆菌，又叫肉毒梭菌，是一种革兰氏阳性厌氧杆菌，广泛分布于土壤、淤泥及动物粪便中，其中土壤是重要污染源，它可借助食品、农作物、水果、海产品、昆虫、禽类等传播到各处。肉毒杆菌本身是无害的，但是，它会在厌氧环境中产生肉毒梭菌毒素（简称肉毒毒素）。肉毒毒素是目前发现的毒性最强的毒物之一，不到1微克就可以置人于死地。如果食品在加工、贮藏过程中被肉毒梭菌污染并产生毒素，食前对带有毒素的食品又未加热或未充分加热，就会引起中毒。其症状主要是神经系统症状，以对称性颅神经损害的症状为特征。如视力模糊、眼睑下垂、复视、瞳孔散大、语言障碍、吞咽困难、呼吸困难，继续发展可导致呼吸肌麻痹，从而引起呼吸功能衰竭而死亡。具有卫生学意义的检验在于是否检出肉毒毒素。若只检出肉毒梭菌，但未检出肉毒毒素，不能证明此食物会引起肉毒中毒。肉毒梭菌芽孢抗热性很强，但是有芽孢不意味着有毒，芽孢还没开始生长就不产生肉毒毒素，因此，通常认为对人是无害的。但是，在儿童体内，由于肠道菌群的缺乏，肉毒梭菌的芽孢在儿童的肠道弱碱厌氧环境中是能够产毒的，也就是说即便将食物中的肉毒素破坏掉，对儿童的危害仍不容忽视，对成人的危害也不能排除。因此，被肉毒梭菌污染的食物是不能给小于1岁的孩子吃的。

每次食品安全事件的背后，几乎都暴露了我国民众对食品安全知识的匮乏，而且容易被媒体等报道误导，不能理性、科学地对待食品安全问题。本次事件也不例外，如绝大部分媒体和公众将“肉毒梭菌”和“肉毒毒素”混淆，可能会导致不必要的恐慌。从另一角度也说明了我国政府、相关协会、食品企业的科普宣传做得远远不够，需要相关部门、组织等加强食品安全科普宣传。

健康提示

（1）奶粉开封后，不宜存放在冰箱中，因为冰箱内外的温差和湿度差别容易使婴儿奶粉潮解。正确的保存方法是盖紧塑料盖或扎紧袋口置于避光、阴凉、干燥处。

（2）奶粉开袋后，最好存放在洁净的奶粉罐内。

（3）清洁奶粉罐宜保持干燥，勿用水洗。

（4）奶粉开封超过一个月后应丢弃不用。

（5）婴儿奶粉包装上的保质期是指在未开封和合适的保存条件下的日期，开封后仅有一个月的使用期限。

（6）为了避免奶粉受污染和变质，奶粉开封后应避免与空气直接接触，最好真空储存。

酸味适度的才可能是好奶酪

在欧洲国家，尤其是浪漫的法国，奶酪属于家常必备食品，它代表这样一种哲学："拥有奶酪，就等于拥有了幸福。"而在中国，虽然各种奶酪早已"进驻"各大超市，但人们对这种舶来品仍然知之甚少。

奶酪（其中一类叫干酪）是一种发酵的牛奶制品，其性质与常见的酸牛奶有相似之处，都是通过发酵过程来制作的，也都含有可以保健的乳酸菌，但是奶酪的浓度比酸奶更高，近似固体食物，营养价值也因此更加丰富。奶酪中的钙和蛋白质相当于牛奶的 3 ~5 倍，营养价值非常高。对于喝牛奶有胀气、腹痛、腹泻等症状的乳糖不耐受人群来说，奶酪是相当理想的乳制品。另外，奶酪中的乳酸菌及其代谢产物对人体有一定的保健作用，有利于维持人体肠道内正常菌群的稳定和平衡，防止便秘和腹泻。因此，建议适当提高奶酪在日常膳食中的比例，如果有条件的话，中国人也该每天吃一点。

安全选购技巧

（1）看产品配料表。奶酪有天然和再制两种，两种都可选，如果配料表里第一个是乳、牛乳，则该产品是天然奶酪；如果第一个是干酪、奶酪、乳酪类，则是再制干酪。天然奶酪营养更好，但保质期短。

（2）查看产品的生产日期及保质期，检查包装是否完好，表面是否均匀，不应有气孔。

（3）感官品评。打开产品内包装观察，不应有奶酪粘连在塑料薄膜上；用鼻嗅闻，应该有奶香味，无其他异味；好的奶酪质地软硬适中，不黏不碎，酸味适度，如果有硫磺味、蒸煮味、苦味、酸味或其他怪味，说明奶酪已经变质。

健康提示

（1）由于奶酪含脂肪多，对于正在长身体的孩童、过瘦和缺钙的人来说，比较适合。中国人一般早餐吃得太少，导致一上午能量不足，奶酪更适合中国人早餐食用。在早餐中增加奶酪，可增加钙和维生素 A、D 的摄入量。

（2）正在控制体重或血脂高的人，要控制奶酪摄入量。选购奶酪前，不妨看看成分说明，选择脂肪含量较低的奶酪。

（3）奶酪里维生素 C 含量较少，应搭配适量的蔬菜和水果。奶酪加工过程中要放盐，钠含量较高，每天吃 25 克奶酪最为合适。

水产品选购篇

产地水源环境好的水产品质量才能有保障

水产品包括鱼、虾、蟹、贝、藻类。它包含的类别有很多:

(1) 海产品:从海里捕捞、采收的水产品。

(2) 淡水产品:从淡水中捕捞、采收的水产品。

(3) 野生水产品:天然生长的水生动、植物。

(4) 人工养殖水产品:人工养殖的水生动物、人工种殖的水生植物。

(5) 鲜活水产品:活体及处于死后僵硬期(初死未变质)的水产品统称为鲜活水产品。

(6) 水产加工品:以冷冻、干制、腌制、罐装、熏制等各种方法加工而成的水产品。

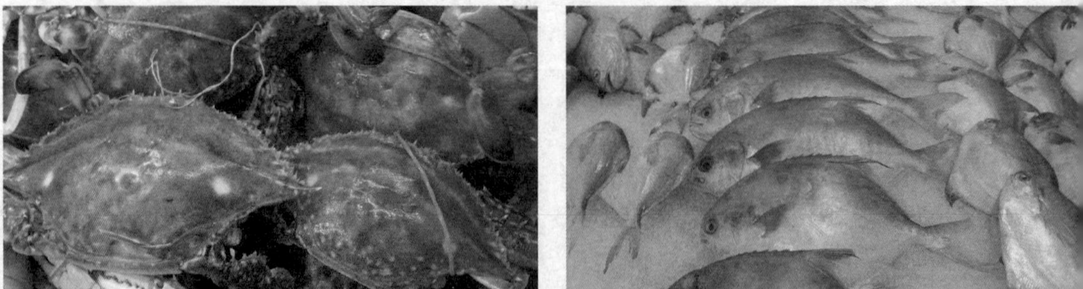

水产品

安全选购技巧

（1）一看产地，产地水源环境好，水产品质量才好。一般远海优于近海，大水体优于小水体（水库优于池塘），好水体优于坏水体（池塘优于臭水沟）。

（2）二看养殖方式，一般野生优于家养（如千岛湖的鱼号称有机鱼，价格倍增），网箱养殖优于池塘养殖。

（3）三看品牌，对加工产品来讲，好的品牌往往知名度高、口碑好、质量比较稳定。

（4）四看包装，水产加工品的包装应注明产地、生产日期、保质期、加工方法、QS 标记等。

孔雀绿鱼虾是怎么回事？

孔雀绿鱼虾指体内含有违禁成分孔雀石绿的鱼虾。孔雀石绿是有毒的三苯甲烷类有机化合物，既是染料，也是杀菌剂，可致癌。孔雀石绿过去曾被用作治理鱼虾类或鱼卵的寄生虫、真菌或细菌感染，对杀死真菌特别有效。后来发现其可致癌，很多国家禁用，2002 年 5 月中国农业部将孔雀石绿列入《食品动物禁用的兽药及其化合物清单》，但仍有不法养殖业者在防治鱼类感染真菌时使用，也有运输商用来消毒，以延长鱼类在长途贩运中的存活时间。

近几年不断有鳗鱼、多宝鱼、鳜鱼等水产品连续被检测出含有孔雀石绿，对民众的食品安全造成了极大威胁，广大消费者需加强自我保护措施，对水产品的内脏尤其是肝脏要摘除干净。

健康提示

（1）痛风病患者要谨慎选择水产品，因为小鱼、小虾中富含嘌呤，经常食用会加重病情。

（2）一些水产品中存在有毒有害物质，如河豚毒素、麻痹性贝毒、腹泻性贝毒、神经性贝毒、记忆缺失性贝毒、雪卡毒素（食用热带和亚热带海域珊瑚礁周围的鱼类而引起的食鱼中毒现象）等，此外还有鲭鱼毒素（青皮红肉鱼所含毒素）、胆毒鱼类所含毒素、肝毒鱼类所含毒素等，读者朋友要提高自我保护意识，注意食用安全。

（3）如果不小心被鱼刺卡住，应及时找医生去除，不要盲目用吞咽食物的方法来去刺，以免划伤食道。

如何选购鲜活水产品

淡水鲜鱼的感官检验

淡水鱼以购买鲜活的为佳，这里主要介绍对死鱼新鲜度的鉴别。

（1）观察眼睛。观察眼角膜透明度、眼球突出凹陷状况和眼球周围是否有发红现象。鲜鱼眼球饱满凸出，角膜光亮透明，虹膜无血液浸润；次鲜鱼眼球平坦或凹陷，角膜稍微混浊，虹膜有轻度血液浸润；变质鱼眼球深陷，角膜混浊无光，虹膜红染。

（2）观察鳃部。揭开鳃盖，观察鳃片色泽、黏液性状，嗅有无气味。鲜鱼鳃盖紧闭，鳃丝鲜红清晰，黏液黏稠混浊，有腥味；变质鱼鳃片呈暗红或灰褐色，黏液混浊，鳃丝黏连，有腐败气味。

（3）观察体表。观察鱼鳞的色泽、完整状况、黏液性状、气味以及肛门情况。鲜鱼的鱼鳞光亮、完整、紧贴鱼体，不易剥落；黏液透明、量少、无异常气味；肛门发白，向腹部紧缩，周围无污染。次鲜鱼的鱼鳞不完整，光泽较差，容易剥落；黏液混浊，黏稠而多，并有异常气味；肛门外凸，周围有污染，颜色发黑。变质鱼的鱼鳞无光泽，一剥即落，黏液多而黏稠，味臭，肛门发紫，向外凸出，有大面积污染。

（4）检查肌肉。检查肌肉有无弹性及僵硬程度。鲜鱼的肌肉紧实，富有弹性，指压痕迹恢复迅速，肉体僵硬；次鲜鱼的肌肉弹性较差，指压痕迹恢复慢或者恢复不完全，僵硬度已有所缓解；变质鱼的腹部膨胀，肌肉柔软较松弛。

（5）检查内脏。用小刀剖开腹部，检查鱼的内脏有无胆汁印染现象。再看横断脊骨，检查脊柱周围有无血管破裂呈红染现象。鲜鱼的内脏体积适中，色泽鲜亮，脊柱界限清晰，颜色浅白，无胆汁印染和脊柱红染现象。次鲜鱼由于胆管破裂，胆汁外溢，内脏有轻度胆汁印染，呈黄绿色；且由于血管通透性增强，血液渗入组织，出现轻度脊柱红染现象。变质鱼的内脏变形、腐败、发臭、呈灰黄色，脊柱周围重度红染，大面积呈暗红色。

虾蟹类的感官检验

新鲜虾蟹体色清白，活力强，鳃清白。如果在虾、蟹的体表有一层绿色或黑色棉花状的绒毛，说明患有水霉病、纤毛虫病、着毛病。腐壳、病壳上有黑褐色斑点，严重的会形成溃疡。患有黑鳃病虾蟹的鳃发黑。

甲鱼的感官检验

新鲜甲鱼（鳖）体表清白，完整，活力强，脖子伸缩自如。白斑病——在甲鱼的裙边、背甲上有小白点；红底板病——甲鱼的底板（腹部）有红斑、溃烂；患有腐皮病的甲鱼在四肢、颈部、背甲、裙边、尾部有糜烂；患有红脖子病的甲鱼的颈脖充血红肿，伸缩困难。

如何鉴别用煤油、柴油保活的鱼虾？

一些不法水产品贩运者往往会在养鱼虾的水里掺点煤油，以使鱼虾活得长，鱼虾在掺了煤油的水里会难受，只能不停乱蹦，看起来更鲜活。另外，有的水产商在批发运货时用煤油或者柴油增氧泵，在运送过程中，一不留神就会有煤油或者柴油滴进水里，这样的水产里会有一股煤油味。

食用有浓重煤油味的鱼虾很危险，因为它们已被酚污染了，我们闻到的煤油味其实就是酚味。当人体摄入的酚量超过了自身的解毒能力时，就会发生慢性中毒，出现头痛、头晕、呕吐、腹泻、神经紊乱等症状。如果长期食用这类鱼虾，必然会引起中毒，危害很严重。

在购买鱼虾时，一定要仔细闻一闻是否有异味，而且要选择体形完整、匀称的。特别在买虾时要挑选须足无损、外壳透明，呈青白色或青绿色，体壳清洁、不黏的鲜虾。

太白太好看的鱼肚不要买

鱼肚，即鱼的鳔，所以又称鱼肚为鱼鳔。鱼肚的种类很多，其中鳘鱼肚、黄唇鱼肚、大黄鱼肚和鳗鱼肚等都属珍贵佳品。鱼肚是海味八珍之一，味道鲜美，营养价值很高，主要营养成分是黏性胶原蛋白和多糖，鱼肚对人体有相当的滋补和药用价值，如补肾、润肺、滋肝、止血、抗癌等。用鱼鳔加工而成的鱼鳔胶，在医药卫生和工业上有多种用途。

鱼肚以形状板平正规、色呈半透明的乳白或淡黄并有光泽者为上品。干鱼肚最怕受潮、生虫，可密封存放于陶瓷、木制容器中，底部放吸潮剂或生石灰，也可同时放几瓣蒜头。用塑料袋密封后放于速冻室内亦可。发好的鱼肚不宜久存。

安全选购技巧

（1）色泽。鱼肚以色泽透明，无黑色血印的为好，这样的鱼肚涨发性强。一般常用的是黄鱼鱼肚，体厚片大，色泽淡黄明亮，涨发性极好。

（2）大小与厚薄。鱼肚越大越厚，其质量越好，涨发后形体大，价格也高，而一些小鱼的肚薄则价低。鱼肚以形体平坦、完整、边缘齐整为佳，一些搭片虽形体不小，也很厚，但涨发易夹心、不透，质量也差些。

（3）干潮度。鱼肚越干越好，对光照看，应有透明感，质地洁净，无血筋等物，色泽透亮为佳；受潮鱼肚灰暗无光泽，质次。有的鱼肚在干制时中心部分未能干透，四面透明、唯独中心呈玉白色，此种鱼肚被称为“花心鱼肚”，质量差。

真假鱼肚的鉴别

一般可通过鱼肚即鱼胶的通透性、浸泡法、颜色、炖好后的形状和汤以及味道等鉴别真假鱼肚。

（1）通透性。好的鱼肚是很通透的，假鱼肚反之。

（2）浸泡法。把鱼肚放在水里，真鱼肚泡几小时后依然是完整的，而用猪皮等材料作假的鱼肚，在水中泡一段时间后形状会明显改变。

（3）颜色。新鱼肚是偏白的，老鱼肚是偏黄的。假的鱼肚颜色统一没有变化，而真的鱼肚同一批货甚至单只鱼肚的颜色都会有深浅之别。

（4）炖好后的形状和汤。炖好的鱼肚依然会保持整块的，而不是碎成奇形怪状的。如果是清炖，鱼肚的汤是很透明的。假鱼肚炖的汤很浑浊。

（5）味道。不要以为鱼肚汤吃起来有鱼的味道就是真的。真正的鱼肚不是腥味，而是胶原蛋白的那种感觉。特别是老鱼肚，即使是放了5年的鱼肚也是没腥味的。

此外，现场选购时，可试着掰下一小块鱼肚，观察中间受压处。真鱼肚胶原蛋白含量高，能明显看出其原本是连接在一起的，有一种藕断丝连的现象；而假的会显得脆，成单独块状。鱼肚是天然食品，有其独特的纹路，这些纹路是无法造假的；假的鱼肚没有纹路或者纹路是一模一样的。太白、太好看一点瑕疵都没有的鱼肚建议不要买，因为可能是药水漂过的；如果看到几个鱼胶的形状基本是一样的，也建议不要买，因为很可能是用小肚压成后充作大肚的。

健康提示

鱼肚虽好，也并不是人人都适合食用。胃呆痰多、舌苔厚腻者，食欲不振和痰湿盛者不宜食用。

怎样识别掺假海参

海参属于棘皮动物门，由于其经济价值高、营养丰富而很受消费者的喜爱。

安全选购技巧

（1）新鲜的海参保存时间不长，必须对海参进行加工保存。商品海参均为盐干制品。质量好的海参一般呈黑褐色半透明状，身干体硬，个头均匀，形状端正，无石灰嘴，尖硬而清楚。泡发后膨胀均匀，呈圆形，无硬心，肉刺完整。

（2）胀发好的海参应反复冲洗以去除残留化学成分；海参发好后适合于红烧、葱烧、烩等；发好的海参不能久存，最好不超过3天，存放期间用凉水浸泡，每天换水2～3次，不要沾油，或放入不结冰的冰箱中；如是干货保存，最好放在密封的木箱中，并做好防潮措施。

怎样识别掺假海参？

有的不法商贩会在海参中添加大量盐和糖精，以增加重量。识别掺假海参的方法主要有以下四招：

一看：掺盐的海参表皮被盐破坏，表皮发暗；

二闻：假海参往往带有异味；

三摸：掺假海参摸上去手发黏，有灰；

四尝：掺糖的海参有甜味，而掺盐、掺明矾的海参，则有咸味或涩味。

此外，用pH试纸检验也是鉴别水发海参真假的有效办法，假冒的水发海参浸泡出来的水可使试纸变成紫色。

健康提示

（1）海参中含有丰富的蛋白质和钙，如果与葡萄、柿子、山楂、石榴、青果等含鞣酸较多的水果同时食用，不仅会导致蛋白质凝固，难以消化吸收，还会出现腹疼、恶心、呕吐等症状。

另外，海参还不宜与甘草同服。

烹制海参时如果放了醋，在营养上就会大打折扣。原因是酸性环境会让胶原蛋白的空间结构发生变化，蛋白质分子出现不同程度的凝集和紧缩。因此，加了醋的海参不但吃起来口感、味道均有所下降，而且由于胶原蛋白受到了破坏，营养价值也会大打折扣。

（2）儿童一般不宜多吃海参

有类风湿的人也要少吃或者不吃海参；

在吃中药时，要遵医嘱少吃或不吃；

伤风感冒、身体发热者不宜进食；

海参润五脏，滋津利水，脾胃有湿、咳嗽痰多、舌苔厚腻者不宜食用；

脾胃虚弱者勿食，但可有选择地服用海参保健食品；

感冒及腹泻患者，最好暂时别吃海参；

高尿酸血症病人不宜长期食用海参；

容易对蛋白质过敏的人不宜多吃海参。

鲍鱼一定要选新鲜有光泽的

鲍鱼，是一种单壳贝类，古代称鳆或石决明。因壳像耳朵，故又称为海耳。

安全选购技巧

鉴别鲍鱼等级的一个重要标准是“头数”。所谓“头”指的是一司马斤（即 600 克）里有大小均匀的鲍鱼多少只，如 2 头、3 头、5 头、10 头、20 头等，头数越少意味着鲍鱼的个头越大，价格也就越贵，因此也有“有钱难买两头鲍”之说。一头鲍鱼和两头鲍鱼属极品，已很难见到，在众多鲍鱼中以日本网鲍头数最少，吉品次之，禾麻体积最小，头数也最多。

读者朋友可根据以下方法选购鲍鱼：

（1）从色泽观察。优质鲍鱼呈米黄色或浅棕色，质地新鲜有光泽；劣质鲍鱼颜色灰暗、褐紫，无光泽，有枯干灰白残肉，鲍体表面附着有灰白色物质，甚至出现黑绿霉斑。

（2）从外形观察。优质鲍鱼呈椭圆形，鲍身完整，个头均匀，干度足，表面有薄薄的盐霜，若在灯影下鲍鱼中部呈红色更佳；劣质鲍鱼体形不完整，边缘凹凸不齐，个体大小不均或近似“马蹄形”。

（3）从肉质观察。优质鲍鱼肉厚，鼓壮饱满，新鲜；劣质鲍鱼肉质瘦薄，外干内湿，既不凹陷也不鼓胀。

健康提示

食用鲍鱼一定要烹透，不能吃半生不熟的，有些人一吃鲍鱼就胃痛，这是因为它的蛋白质含量较高，比较难消化。

（1）鲍鱼忌与鱼肉、野猪肉、牛肝同食。

（2）夜尿频、气虚哮喘、血压不稳、精神难以集中者适宜多吃鲍鱼。

（3）痛风患者及尿酸高者不宜吃鲍鱼肉，只宜少量喝汤；感冒发烧或阴虚喉痛的人不宜食用；素有顽癣痼疾者忌食。

（4）少儿脾胃功能较弱，像鲍鱼、海参等富含蛋白质的食材，摄入过多不仅无法及时消化，还会加重肠胃负担，所以应少食或不食。

硬而有弹性的银鱼不要买

银鱼，又称白饭鱼、面条鱼、西施鱼等，被誉为“鱼参”，是营养学家所确认的长寿食品之一。银鱼含丰富的蛋白质和钙，能益肺止咳，利水补虚。干制后的银鱼含钙量更高，超过其他一般鱼类的含量，为群鱼之冠。

巧辨福尔马林浸泡小银鱼

为了使银鱼卖相更好看，让银鱼体积增大，有弹性，不容易腐烂，不法分子往往会使用福尔马林和工业烧碱浸泡小银鱼。市民食用这种小银鱼后会造成消化道灼伤，严重的可导致消化道穿孔，甚至休克。特别是长期接触甲醛会导致植物神经紊乱，生殖能力缺失，甚至得白血病。

在挑选小银鱼时需注意以下几点：

一是看。正常的鲜小银鱼或化冻后的小银鱼，呈自然弯曲状，体表色泽呈乳白色；而甲醛浸泡过的银鱼，体表光亮异常，体格特别“强壮”膨大，身板挺起，呈直线状。

二是闻。福尔马林泡过的银鱼，会发出一股刺激性的异味，而掩盖了食品固有的气味。

三是摸。正常小银鱼身体柔软，手指挤压时鱼肉易破碎；含有甲醛的小银鱼身体会变硬，轻轻挤压时有弹性，稍加用力鱼体易发生断裂。

四是尝。小银鱼经甲醛浸泡后身体变硬，煮熟后吃起来比正常的有“嚼头”，像嚼萝卜干一样脆。

案例

认识福尔马林

2011 年 4 月，青岛查获了大量用福尔马林浸泡过的小银鱼，这是怎么回事呢？福尔马林是甲醛的水溶液，是蛋白质凝固剂。市面上常见到的福尔马林的

腐竹

甲醛浓度大约在24%~40%之间，在医药上，福尔马林多指浓度35%或37%以上的甲醛水溶液。它是一种慢性中毒药物，长期接触低剂量的福尔马林会引起慢性呼吸道疾病、女性月经紊乱、新生儿体质降低甚至鼻咽癌等病症。高浓度的福尔马林对神经系统、免疫系统、肝脏等都有毒害作用。在水产品加工中，为了产品防腐、确保色泽鲜亮，有不法商家会违规使用福尔马林。购买腐竹、毛血旺等制品时尤其要当心。

小龙虾真的更喜欢在污水里生存吗？

小龙虾，又名“克氏原螯虾”，原产于北美，后移殖至日本，再传到我国江苏省，现在全国许多地区都有分布。它在稻田、水渠中打洞，危害农业生产。由于其生命力强，后来它遍布全国多地。勤劳、智慧的中国人，将其作为高蛋白、低脂肪的美味食品原料，变害为宝，大量养殖，还加工成高质量的速冻产品换取外汇。

安全选购技巧

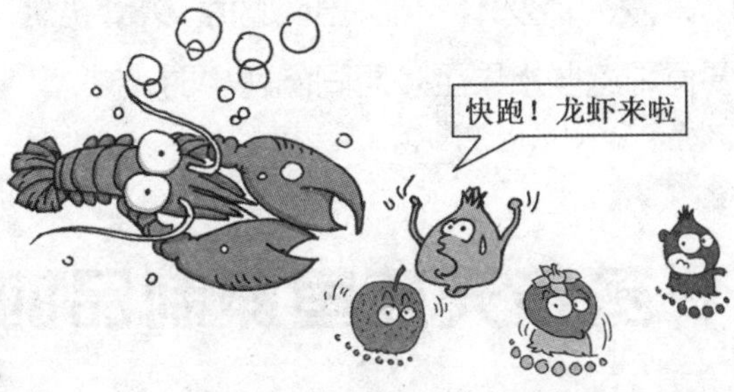

有人说，小龙虾在日本就是用来清理下水道的；还有人说，水越脏，小龙虾长得越好。在长期养殖中发现，小龙虾虽然对环境要求不高，但它其实更喜欢清水，在清水中发育生长得更好。如今的小龙虾在养殖中十分注重营造良好的生态环境，使养殖水域水清、草丰、螺盛，维护良好水质，以保证小龙虾的良好品质。

（1）新鲜活虾选购：干净的水里养的小龙虾比较大，建议食用湖区生产的小龙虾。湖区生产的小龙虾颜色鲜艳，个体较大，头部与躯干大小比例比较一致。沟里的虾体色则黑一些。

（2）冻虾仁的选购：优质虾仁肉色正常、呈鲜艳色泽；虾仁解冻后气味清新正常；产品规格与所示规格一致，不存在规格大小不一的现象；肠腺、虾壳等内外杂质也不允许存在。

（3）鉴别化学药剂洗过的小龙虾：不法商贩为了让小龙虾更好看，往往会用洗虾粉“美化”小龙虾。洗虾粉的主要成分是草酸，被腐蚀过的小龙虾虾钳很容易脱落，所以如果盘中的小龙虾虾钳普遍比较少的话，那么使用洗虾粉的可能性就比较大。此外，被洗虾粉腐蚀后的小龙虾颜色会很鲜艳。

健康提示

（1）慢性病患者、上火者不宜吃小龙虾；患过敏性鼻炎、支气管炎、反复性过敏性皮炎的老年人不宜吃小龙虾；患有皮肤疥癣者也忌食小龙虾。

（2）忌与某些水果同吃。小龙虾含有比较丰富的蛋白质和钙等营养物质，如果与含鞣酸较多的水果如葡萄、石榴、山楂、柿子等同食，不仅会降低蛋白质的营养价值，而且鞣酸和钙离子结合形成不溶性结合物刺激肠胃，会引起人体不适，出现呕吐、头晕、恶心和腹痛腹泻等症状。如确实要食用这些水果至少应间隔两小时。

多多关注鱼糜制品的弹性和滋味

鱼糜制品是以鱼类为原料，经采肉、漂洗、擂溃或斩拌成为稠而富有黏性的鱼肉浆(鱼糜),再做成一定形状后,进行水煮、油炸、焙烤、烘干等加热或干燥处理而制成的食品,主要有鱼丸、虾饼、鱼糕、鱼香肠、鱼卷、模拟虾蟹肉、鱼面等。

鱼糜制品由于在加工过程中将原料鱼中营养素很好地保存了下来,并加工成为营养配伍科学合理、人体消化吸收率更高的优质食品,因此营养价值较高。

河鱼鱼糜制品

海鱼鱼糜制品

如何判断鱼糜制品的质量好坏?

1. 感官判断

鱼糜制品应具有该类产品特有的颜色,如水煮、蒸煮制品肉色较白;油炸制品是浅黄或黄色,色泽均匀一致;烟熏制品颜色稍深。

具体的感官指标有:

外观:包装袋完整无破损、不漏气,袋内产品形状良好,个体大小基本均匀一致、完整、较饱满,排列整齐,丸类有丸子的形状。

色泽:制品表面有自然光泽,切面柔嫩,白度较好。

肉质:口感爽,肉滑,弹性较好。

滋味:制品有淡淡的鱼腥味,口感爽,肉滑,弹性较好。油炸和焙烤的制品具有特有的焦香味,无异味。

杂质:允许有少量2毫米以下小鱼刺或鱼皮,但不允许有鱼骨以外的夹杂物。

2. 弹性

弹性被称为鱼糜的生命,在三个质量因素中最为重要。弹性强度可通过折叠实验及咀嚼实验来评鉴。

折叠实验是将鱼糜样品凝胶切成一定厚度(通常为3~5毫米)的薄片,然后折叠。根据鱼糜薄片在折叠条件下表面的断裂情况评价其凝胶性能。两次折叠均未出现破裂的是AA等级;一次折叠无破裂的是A等级;一次折叠后逐渐破裂的是B等级;一次折叠后很快破裂的是C等级;手指挤压时破裂的是D等级。

弹性强度也可通过咀嚼实验来测定,将鱼丸切成5毫米厚的薄片,通过咀嚼样品时感觉到的硬度和柔韧性判断其弹性,弹性强度越强、滋味越好的鱼糜制品品质也越高。

提防染色紫菜

紫菜是一种质优价廉、营养丰富、味道鲜美的海洋绿色食品,属于红藻类。它的质量与收割期有密切关系,在紫菜养殖期内可以采剪8~10水,第一次采剪的叫头水紫菜。前三水加工的紫菜质量较高,以后依次降低。

干紫菜的商业价值有颜色、光泽、香味和易溶度等四项指标,必要时还要进行烤烧来判断其质量的优劣。企业一般是根据干紫菜的颜色、光泽、形状来进行选别分级。

散紫菜为淡干品,片薄均匀,表面有光泽,呈紫褐色或紫红色,入口柔嫩化,有紫菜特有香味,洁净无杂质,含水量不超过10%。

当心染色紫菜

曾有市民从菜场买回的紫菜在用清水泡后变成了粉红色，这是一种反常现象，是紫菜被染色所致。紫菜本来就是长在水里的，用普通的清水泡，不容易掉色；只有用热水煮比较长的时间后，颜色才可能有些偏红。

紫菜染色属于违法使用色素。如果长期食用这种染色紫菜可能会引起过敏、腹泻等症状，当摄入量过大时，会对肾脏、肝脏产生一定伤害，甚至具有致癌性。

选购紫菜要看它的光泽，新鲜的紫菜颜色暗绿油亮；优质紫菜具有紫黑色光泽（有的呈紫红色或紫褐色），片薄、口感柔软；低劣的紫菜表面光泽差，片张厚薄不均匀，呈红色并夹杂绿色，口感及芳香味差，杂藻多，并有夹杂物。如果闻起来有一股腥臭味或霉味，说明紫菜已不新鲜了。同时，优质紫菜泡发后几乎见不到杂质，叶子比较整齐；劣质紫菜则不但杂质多，而且叶子也不整齐。如果经泡发后变为绿色，则说明质量很差，甚至是其他海藻人工上色假冒的。另外，紫菜买回家后，还可以放在火上烤一下，优质紫菜烤过后应该呈绿色，如果呈黄色则为劣质紫菜。紫菜要注意放在干燥的地方保存，否则容易受潮变质。

识别甲醛鱿鱼有三招

鱿鱼，也称柔鱼、枪乌贼，营养价值很高，是名贵的海产品。

鱿鱼除鲜货之外，还有鱿鱼干，市场上常见的有长形和椭圆形两种。前者系鱿鱼干品，后者为枪乌贼干品，前者品质优于后者。

鱿鱼干

水发鱿鱼

当心甲醛鱿鱼

购买鱿鱼，以肉色接近透明、躯体直挺、无异味的为佳。另外，凡眼部显得分外清晰明亮的即表示是新鲜鱿鱼。不新鲜的鱿鱼带有腥臭味，触摸时肉质黏，表皮部分剥落，撕剥表皮轻而易举，不宜选购。

泡发鱿鱼需要掌握浸泡的时间、方式和添加剂的使用量。因为干鱿鱼在碱性溶液中会大幅度膨胀，因此，泡发干鱿鱼必须使用碱类物质，以前人们大多使用水发剂——一种经过处理和提炼的碱类，但食用过量也会危害人体健康。后来，一些商贩发现用甲醛泡发的鱿鱼色泽鲜亮、肉质有弹性，卖相好，且比普通方式泡发的鱿鱼保鲜时间长，获取的利润更多，便有不法商贩选择了用甲醛泡发干鱿鱼。

要分辨甲醛泡的鱿鱼，应注意：

（1）一看颜色是否正常。若外观、色泽晶莹透明、超白且体积肥大，十分漂亮，但食之较脆，觉得比较有“嚼头”，则安全性可疑，应避免购买和食用。

（2）二闻是否有刺激性异味。甲醛本身有刺鼻的气味，用甲醛浸泡后的水发产品细闻之下，一般有股淡淡的药水味。

（3）三摸。用手指按上去，肉质很厚有弹性，或用手触摸感觉过于光滑。如果出现上述情况，用甲醛泡发的可能性就很大。

总之，正常的水发产品应该呈肉色、略硬、无异常气味，对特别纯白、肥嫩和有异常气味的水发产品要警惕。

健康提示

（1）鱿鱼须煮熟煮透后再食，因为鲜鱿鱼中有一种多肽成分，若未煮透就食用，会导致肠运动失调。

（2）鱿鱼虽然是美味，但胆固醇含量较高，高血脂、高胆固醇血症、动脉硬化等心血管病及肝病患者应慎食。

（3）鱿鱼性质寒凉，脾胃虚寒的人也应少吃。

（4）鱿鱼是水发物，患有湿疹、荨麻疹等疾病的人忌食。

染色海带怎么判别？

海带亦称“江白菜”，古称“昆布”，是介于细菌和高等植物之间的褐藻类低等植物。它质柔味美，营养价值和经济价值较高，不仅含碘量高，可作为药用，而且是优良的海产蔬菜。

识别染色海带

（1）正常的海带整片色泽应为自然绿，海带丝和海带结等产品切割部位的创面呈微绿白色，而经过浸染的海带，切割部位与整片海带一样为鲜绿色，但是其褶皱处与外表显色会有差别。

（2）染色海带表皮已被化工染料糟烂了，用手很容易抠破；新鲜海带表皮光滑，不容易被抠破。

（3）把海带泡在水中，观察是否会掉下绿色来。

（4）把海带加醋烹煮，如果绿色是来自于叶绿素，叶绿素遇酸会褪色变成浅橄榄绿色；如果海带没有变色，可知绿色是染出来的。

个头大的黄鳝安全吗？

鳝鱼，亦称黄鳝、长鱼、海蛇等，是我国特产。鳝鱼味鲜肉美，并且刺少肉厚，又细又嫩，淮扬菜中深受食客青睐的“软兜长鱼”，就是以鳝鱼为食材制成。

安全选购技巧

（1）黄鳝以四五月份时的营养最好。新鲜的鳝鱼，浑身黏液丰富，色黄褐而发亮，并不停游动。

（2）黄鳝营养虽高，但必须是鲜活的才能食用，宜现杀现烹，死黄鳝千万不可食用。这是因为黄鳝蛋白质构造中含有很多组氨酸，黄鳝一旦死后蛋白质结构就会迅速分解，细菌乘虚而入，组氨酸很快就会转化为一种有毒物质——组胺，人吃了之后会中毒，轻则头晕、头痛、心慌、胸闷，重则引发低血压等不适症状。

案例

黄鳝是避孕药催肥的吗?

在市场上,肥大的黄鳝经常受到消费者质疑。黄鳝瘦小或肥大取决于饵料是否充足、喂养时间是否足够长。野生黄鳝以蝇蛆、蚯蚓为主食,人工养殖的黄鳝饲料主要成分是鱼粉,鱼粉是用一种或多种鱼类为原料,经去油、脱水、粉碎加工后的高蛋白质饲料。现在的黄鳝之所以变大,主要是因为饲料比以前好,有专门的鱼粉,里面添加了一些矿物质、蛋白质、维生素,而且饲料投喂量大,食物充足,黄鳝又少运动。

“黄鳝是避孕药催肥的”这一传言最早出现在20世纪90年代末。2000年以前,黄鳝养殖技术不太成熟,一些小养殖户的黄鳝养不大,或者容易死,就“病急乱投医”,有些人想到了投放避孕药催长,传言就是这样起来的。事实上,试验证明黄鳝服用避孕药的效果并不好,对养殖户来说完全是得不偿失,实际生产中也不可行。一是无明显的使用效果,二是反而增加了养殖成本。传言中的“性激素”可能是“促生长素”。十多年前的养殖户确实会给黄鳝喂一些促生长素,但现在已不用了,因为养殖户发现,这些促生长素之类的药物价格高,被水稀释后效果也不明显。也有专家表示,生长激素必须经常注射,达到一定的使用周期才能促生长,从成本角度来说并不合算。

健康提示:黄鳝并非人人皆宜

（1）黄鳝虽好,但并非人人皆宜。这是因为黄鳝属于温补类食物,高血压、中风后遗症、甲状腺功能亢进症、活动性肺结核、支气管扩张以及感冒发热、急性鼻炎、急性支气管炎、急性扁桃体炎等急性炎症患者均不宜食用。

（2）对于那些平素容易“上火”的朋友,对黄鳝也要敬而远之,以防“火上浇油”。

（3）鳝鱼不宜与狗肉、狗血、南瓜、菠菜、红枣等同食。

调味品选购篇

调味品种类繁多，包含了食用盐、糖、酱油、食醋、味精、芝麻油、酱类、腐乳、鱼露、调味酒及香辛料等。主要用于调和滋味和气味并具有去腥、除膻、解腻、增香、增鲜等作用。随着市场准入制度的实行和国家相关部门监管力度的加大，消费者在购买调味品时应首选到大型商场、超市购买，关注调味品外包装标识上的内容，如产品名称、配料表、产品标准号、保质期、净含量、制造者（或经销者）的名称和地址、产地、营养成分表、生产日期、QS 标志等是否完整。

食用盐和工业用盐有啥区别？

在我国，常见的食盐以碘盐居多，除此之外，还有以精盐为基础添加各种微量元素或营养、风味物质的特种食盐。如低钠盐是以碘盐为原料，添加了一定量的氯化钾和硫酸镁制成，是根据人体需要，适当降低食盐中的钠含量，增加钾、镁含量的新型食盐。这种盐主要供患有高血压、心脏病等需要限制钠盐的特殊人群食用。但肾脏功能不佳、患有尿毒症以及使用保钾利尿剂的病人，不宜吃低钠盐。

安全选购技巧

（1）购买食用盐时应选择正规商家购买，注意食用盐的感官质量及包装标识，要选择外观质白呈细沙状的食盐，标识清晰完整记录成分、含量、厂名、厂址等信息，同时要索取购货凭证。

（2）提高对有毒物质的防范意识，严禁将工业用盐代替食用盐使用，严禁将二者混放。包装或存放亚硝酸盐的容器应有醒目标志。

关于工业用盐

工业用盐含义很广，有时指纯净的亚硝酸钠，有时指含有亚硝酸钠的氯化钠。工业用盐除含有大量的致癌物亚硝酸盐外，还有可能含有铅、砷等有害物质，误用工业用盐极易引发食物中毒。

常见的工业用盐中毒事件主要原因有：将含亚硝酸盐的“工业用盐”当作食用盐使用；误将亚硝酸盐当作食用盐使用；食用硝酸盐、亚硝酸盐含量较高的腌制肉制品、泡菜及变质的蔬菜；饮用硝酸盐或亚硝酸盐含量高的苦井水、蒸锅水；肉制品加工时超量使用亚硝酸盐。

亚硝酸盐是强氧化剂，进入血液后与血红蛋白结合，使氧合血红蛋白变为高铁血红蛋白，从而失去携氧能力，导致组织缺氧，使人体出现青紫而中毒。另外，亚硝酸盐对周围血管有扩张作用。过量食入亚硝酸盐中毒后发病迅速，一般潜伏期为 1 ~ 3 小时，造成的后果是麻痹血管运动中枢，呼吸中枢及周围血管，形成高铁血红蛋白。急性中毒表现为全身无力、头痛、头晕、恶心、呕吐、腹泻、胸部急迫感、呼吸困难，检查见皮肤黏膜明显紫绀；严重情况下，血压下降，导致昏迷，甚至死亡。

食用盐与工业用盐的区别主要体现在：

（1）食用盐是较纯净的氯化钠；工业用盐中除含有氯化钠之外，还有亚硝酸钠等。

（2）食用盐性质较稳定，水溶液呈中性；工业用盐中含有的亚硝酸钠在干燥条件下较为稳定，但能缓慢吸收氧而氧化成硝酸钠，水溶液呈碱性。

（3）食用盐含碘，质白，呈细沙状，水分极少，用手揉捏时不会有凝结感，特殊情况下也可能显黄色或淡蓝色；工业用盐不含碘，色泽灰暗，外形多为颗粒状，水分含量大，亚硝酸钠也可能微显淡黄色。

（4）食用盐咸味较重；亚硝酸钠略有咸味，食用时靠味觉难以分辨。

健康提示

由于长期养成的高盐膳食习惯，中国人对咸味的要求普遍偏重。从膳食中过多摄取食盐有害无利，过多的盐引起体内钠和水分潴留，增加心脏以及肾脏负担，使小动脉发生痉挛，久而久之，便导致血压升高。世界卫生组织建议每人每日食盐用量以不超过5克为宜。为了科学用盐，阻击危害健康的杀手，应注意以下几点：

（1）根据个人身体状况，合理选择食盐类产品。

（2）利用强味蔬菜的自然风味或用食醋等调味品增加适口性，可有效避免盐的过多摄入。

（3）改变用盐习惯，烹炒和煮熬时不加盐，出锅后将盐直接撒在菜肴的表面和汤内，可以防止碘受热挥发。

不粘手的食糖不易变质

甜味是除咸味之外能在烹饪中独立存在的主要滋味，在调味中的作用仅次于咸味。食糖口味清甜，食后能产生良好的美味感，并令人心情舒畅，是甜度很高、使用最广的甜味调味品。

安全选购技巧

识别食糖的优劣可采用眼看、手摸、鼻闻和品尝等四种方法:

(1)眼看。将食糖在白纸上平摊成一薄层,观察其晶粒形状以及有无结块、吸潮和杂质。白砂糖颗粒大如砂粒,晶粒均匀并有新光,轮廓分明;绵白糖晶粒细小、均匀,颜色洁白;赤砂糖呈晶粒状或粉末状,干燥而松散,不结块,不成团,无杂质,水溶液清晰,无沉淀,无悬浮物,并有红褐、青褐、黄褐、赤红、金黄、淡黄、枣红等多种颜色。

(2)手摸。用干手摸食糖时,不会有糖粒沾在手上,说明食糖含水量低,不易变质,易于保存。

(3)鼻闻。白砂糖、绵白糖、冰糖等食糖制品用鼻闻都有一种清甜之香,无任何怪异气味;赤砂糖则保留了甘蔗的原汁、原味和特殊清香。

(4)品尝。白砂糖溶液味道清甜;绵白糖在舌部的味蕾上糖分浓度高,甜度比白砂糖大;赤砂糖甜中带鲜,微有糖蜜味;冰糖质地纯甜,无异臭或外来异味。

健康提示

(1)白砂糖最好在溶液中煮沸后食用,因为白砂糖直接高温加热时很易焦化,焦化后的黑色食糖不宜食用。

(2)赤砂糖必须在加水煮开撇去浮沫、去除沉淀物后方可食用。

配制酱油和化学酱油安全吗?

酱油是一种色、香、味俱佳而又营养丰富的调料,它是以富含蛋白质的豆类和富含淀粉的谷类及其副产品为主要原料，在微生物酶的催化作用下分解制成并以浸滤提取的调味汁液。酱油中氨基酸的含量多达17种，还含有多种B族维生素和安全无毒的棕红色素，以及一定量的糖、酸、醇、酚、酯等多种复杂的香气成分。在煎、炒、蒸、煮菜肴时加入适量酱油，酱油中的氨基酸在烹调过程中与食盐、氯化钠作用而生成氨基酸钠盐以及在加热过程中发生化学反应而生成氨基酸的衍生物，这样就使菜肴增加了特有的鲜美味道，使菜肴色泽诱人，香气扑鼻，味道鲜美。

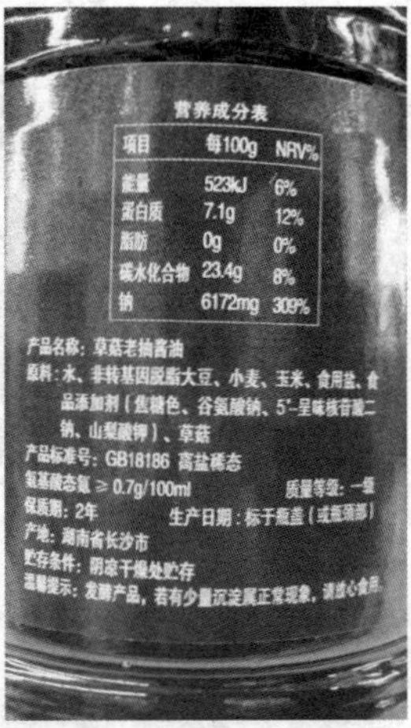

老抽酱油产品说明

酱油按食用方法分为烹调酱油和佐餐酱油。烹调酱油卫生指标低，用于经过热加工再入口的调味，如用于炒菜，是不直接食用的；佐餐酱油在生产过程中对菌落总数进行控制，卫生标准高，用于不经加热直接入口的调味，如凉拌、佐餐等。也有些酱油属于兼用型，烹调、佐餐都可以用。

配制酱油安全吗？

酱油按生产工艺分为酿造酱油和配制酱油。酿造酱油是以大豆和（或）脱脂大豆、小麦和（或）麸皮为原料，经微生物发酵制成的具有特殊色、香、味的液体调味品。配制酱油是以酿造酱油为主体，与酸水解植物蛋白调味液、食品添加剂等配制而成的液体调味品，其中酿造酱油的含量（以全氮计）不得少于50%。酸水解植物蛋白调味液是以含有食用植物蛋白的脱脂大豆、花生粕、小麦蛋白或玉米蛋白为原料，经盐酸水解，碱中和制成的液体鲜味调味品。不能将“酸水解植物蛋白调味液”标为“酱油”。无论是酿造还是配制的酱油和食醋，只要是生产企业按照国家规定生产的，都可以安全食用。

什么是"化学酱油"?

不法商贩把砂糖、精盐、味精、酵母抽取物、水解植物蛋白质、肌苷酸及鸟苷酸等调味料及化合物混一起,制作出"化学酱油",这与配制酱油有着本质上的不同。按照国家标准规定,配制酱油中酿造酱油的比例不得少于50%,也就是说,不含任何酿造酱油,只用各种化学物质配制的"化学酱油"是违规产品,是不符合国家标准的,对人体是有害的。

酱油中的氨基酸态氮是衡量酱油质量的重要指标,也是判定酱油产品发酵程度的特性指标。氨基酸态氮指的是以氨基酸形式存在的氮元素的含量,该指标越高,说明酱油中的氨基酸含量越高,鲜味越好。国家标准中规定酱油的氨基酸态氮最低含量不得小于0.4克/100毫升。

案例

"头发酱油"和"工业盐水酱油"

2010年爆出的"头发酱油",大多来自卫生条件较差的农村小作坊或小工厂,这些企业为了抢占低端产品市场,降低成本,采取不正当方式制作酱油。这种酱油的制作步骤是,通过酸水解(用浓盐酸等)、中和、脱色、除臭等,将含有较高蛋白成分的头发或动物毛发制成动物蛋白水解液,再加入酱色和盐等制成。这种酱油的加工制作相对隐蔽,生产地普遍是在农村或城郊地区,卫生环境难以保障,也无法进入质检部门的抽查范围。在制作过程中,很可能出现微生物残留污染的问题,食用后易导致机体出现腹泻等肠胃疾病。"头发酱油"提炼的氨基酸内含有致癌物质,会对消费者的身体造成危害,成分中的不明杂质也存在一定的安全隐患。消费者应尽量在大型超市购买酱油。因为头发酱油通常只在小企业生产,在农村或城镇的批发市场销售，一般进不了大型超市。只要大家不图便宜，就可远离这种非法食品，避免让廉价的诱惑威胁到我们的健康。

2012 年在佛山发生的“工业盐水制酱油”事件，再次引发了公众对酱油安全的关注。涉案企业高明市威极调味食品有限公司为节约成本，从其他途径购买非食用盐制作酱油。查获用于勾兑的非食用盐约 3 吨，涉案工业盐水（非食用盐勾兑而来）26 吨，其中有一部分已经用于制作盐水生产酱油（草菇老抽），共生产草菇老抽成品 90 箱，已有 65 箱流入市场，库存的 25 箱被就地封存。该事件再次提醒广大消费者：只有选购正规厂家所生产的产品，质量才更有保证。

安全选购技巧

消费者在选购酱油产品时应注意以下几点：

（1）查看标签标注是否完整。一看标签上标明的氨基酸态氮含量，要求不得小于 0.4 克/100 毫升，一般来说，特级、一级、二级、三级酱油的氨基酸态氮含量分别大于或等于 0.8 克/100 毫升、大于或等于 0.7 克/100 毫升、大于或等于 0.55 克/100 毫升和 0.4 克/100 毫升；二看标签上的酱油类型是餐桌酱油还是烹调酱油，要根据用途选购；三看标签上的生产方法，认清是酿造酱油还是配制酱油；四看标明的生产工艺；五看生产日期，优选近期生产的产品。

（2）正常的酱油具有鲜艳的红褐色，澄清、无悬浮物及沉淀。另外，摇动时会起很多泡沫，且不易散去，酱油仍澄清、无沉淀、无浮膜、比较黏稠。

（3）优质酱油应具有浓郁酱香和酯香味，味道鲜美、醇厚、咸淡适口，无异味。

健康提示

（1）和食盐一样，在炒菜时酱油要后放、少放。最好在菜肴出锅前加入酱油，略炒煮后即出锅，因为酱油中丰富的氨基酸遇到高温易被破坏，使营养价值受损。

（2）高血压、冠心病、糖尿病患者应和控盐一样控制酱油的摄入量。因为酱油中既含有氯化钠，又含有谷氨酸钠，还有苯甲酸钠，是钠的密集来源。痛风病人应当注意，酱油中含有来自于大豆的嘌呤，而且很多产品为增鲜还特意加了核苷酸，所以一定不能多用。

（3）酱油本身已含有鲜味物质，用了酱油后就应当少放或不放味精、鸡精。特别是增鲜酱油，它几乎可以替代所有鲜味调料。

酱油颜色是不是越深越好？

有些消费者认为酱油的颜色越深越好，这是不对的。酱油是调味品而不是调色品。实际上酱油的质量优劣主要和原料、生产工艺有关，酱油颜色越深，意味着其营养物质氨基酸及糖类消耗得越多，因为酱油的颜色源于“焦糖”，当颜色深到一定程度，酱油中的营养成分也就所剩无几了。市场上有人用焦糖色素加盐加水混制出来的假酱油之所以能畅行其道，就是迎合了部分片面追求酱油颜色深的消费者的心理，而假酱油并不具有酿造酱油固有的色泽、香气、鲜味等特点。

“生抽”与“老抽”有什么区别？

许多消费者不清楚“生抽”和“老抽”的区别，“生抽”和“老抽”是沿用广东地区的习惯性称呼而来，“抽”就是提取的意思，生抽和老抽都是酿造酱油。它们的差别在于生抽是以优质的黄豆和面粉为原料，经发酵成熟后提取而成；而老抽是在生抽中加入焦糖色，经特别工艺制成的浓色酱油，适合肉类增色之用。老抽颜色重，上色力强；生抽颜色略轻，上色力轻，产品中通常会少加或不加焦糖色素。一般来说，炒菜或蘸食宜用生抽酱油，炖菜、红烧常用老抽酱油。

“低盐固态”与“高盐稀态”标识与酱油的咸淡有关系吗？

“低盐固态”与“高盐稀态”只是表示酱油酿造工艺上的差别。由于工艺的差别，前者的颜色比后者要深，后者的酱香比前者相对浓郁。消费者可以根据这两者的特性按需选购。

“勾兑”的食醋有害吗？

醋是最古老最大众化的国际性调味品。古人将食醋冠以“食总管”的美称，来赞扬它在调味中的地位，这与食醋具有赋味调酸、增香、增色、去异解腻、促进脆嫩、增加营养等众多作用分不开。

食醋根据生产工艺可分为酿造食醋和配制食醋。酿造食醋是指单独或混合使用各种含有淀粉、糖类、酒精的原料，经微生物发酵酿造而成的液体酸性调味品。配制食醋也就是所谓的勾兑醋，是以酿造食醋为主体（酿造食醋占50%以上），再与食品级的冰乙酸、冰醋酸以及食品添加剂等混合配制而成的调味食醋。国家规定必须用合格的食品级醋酸来酿造食醋，添加剂、特定成分以及杂质都不得超标（或不符合标准），而且外包装上要清楚地标明该醋为配制醋。酿造食醋与配制食醋在感官上差别不大，主要是在一些理化指标上存在差别。读者朋友可以放心的是：无论是酿造还是配制的酱油和食醋，只要是企业按照国家规定生产的，都可以安全食用。

关于“勾兑”和“配制”

许多人看到“勾兑”“配制”，往往不加思索地想到“有害”。其实，这是“凡是传统的就是好的”的潜意识使然。就配制食醋来说，“醋精”中的醋酸跟酿造食醋中的没有任何区别，它们的安全性取决于其他成分。合格的食品级醋精，安全性与酿制食醋并没有不同。勾兑醋的问题，是商业营销中的诚信和消费者知情的问题。勾兑醋和酿制酱油，只要是合格产品，就没有安全性的问题。如果既能够实现足够的调味功能，又没有那么高昂的价格，自然会有愿意接受的消费者来购买。不良商家以调配食醋冒充酿造食醋来售卖，是虚假标注的诚信问题。为了卖高价而宣称是酿制产品，当然应该受到惩处。不过，为了反对虚假标注，就炒作它们的危害，也同样是一种不负责任的行为。

安全选购技巧

在选购食醋产品时，消费者应优先选择到正规商场、超市或专卖店购买，选择标识规范完整的知名大中型厂家生产的名牌产品，逐项检查产品标注标识是否标注齐全、规范，并结合一些感官方法判断：

（1）查指标。不能仅以包装上注明的“酿造”字样来判断，而应查看产品包装上的理化指标，一般来说配制食醋含量不得小于 2.5 克/100 毫升，酿造食醋不得小于 3.5 克/100 毫升。

（2）看颜色。食醋颜色应为琥珀色或红棕色或黑紫色，质地醇厚，颜色浓重；白醋应无色透明。否则就是劣质食醋、假醋。

（3）闻香气。优质食醋具有本产品特有的酸味芳香，没有其他不良气味，否则就是劣质食醋。

（4）尝味道。优质食醋口味酸香深厚浓郁，味感柔和，无刺激感，稍带甜味，回味绵长，无其他异味；勾兑醋入口即酸，且是刺激性酸味，一酸而过，只留下淡水味和苦味。

（5）看体态。购买前可以摇一摇，一般酿造食醋，因其原料在发酵过程中产生丰富的氨基酸和蛋白质，在摇晃醋瓶的时候，会产生丰富的泡沫，且持久不消；配制食醋或劣质食醋虽然也有泡沫出现，但泡沫很快消失。优质食醋应透明澄清，浓度适当，没有悬浮物、沉淀物、霉花浮膜等，否则就是劣质食醋、假醋。

健康提示

（1）烧豆芽、卷心菜、甜菜时，可适当加点醋，有保护维生素C的作用，并可使菜肴的味道更好。

（2）炒胡萝卜时不要加醋，因为胡萝卜素在酸性环境中易被破坏。

（3）喝牛奶后不要马上吃醋，因为醋中的酸会使牛奶变得不易消化吸收。

（4）醋忌与碱性药物同服。如正在服用碳酸氢钠、氧化镁、胃舒平等碱性药时不宜食醋，因为醋酸能改变人体局部环境的酸碱度；胃溃疡和胃酸过多的患者也不宜吃，因为醋会腐蚀胃肠黏膜，加重溃疡。

晶体味精不易掺假

味精作为最主要的一种鲜味剂，广泛应用于食品工业、餐饮和家庭烹饪。人类使用味精已有100多年的历史。

味精的主要成分是谷氨酸钠。我们都知道，只要食物中含有蛋白质，就含有谷氨酸。但是结合在蛋白质中的谷氨酸是没有味道的，只有当谷氨酸游离出来时人的舌蕾才能感觉到鲜味。谷氨酸由酸变成盐时更容易电离，也就更有鲜味。酱油、西红柿、葡萄汁等食物之所以让人觉得鲜美，就是因为含有游离的谷氨酸。所以烹调时最简单的增鲜办法是撒上谷氨酸钠，也就是味精。

问题：味精安全吗？

美国食品和药品管理局1958年将谷氨酸钠列为“一般认为安全”的成分。这是美国可能给予食品成分的最为安全的类别，同一类别的还有辣椒、糖、醋和泡打粉。1960年，味精作为食品添加剂通过日本厚生省制定的《食品卫生法》。1987年，联合国粮农组织和世界卫生组织食品添加剂专家联合委员会确认，味精“每人可接受摄取量”为“无规定”的级别，供国际标准用途，并取消了对未满12周的婴儿食用谷氨酸钠的限制。这是这一组织给予食品添加剂的最好分类。1992年，美国医学会联合会科学事务局签发决定，支持味精的安全性。1995年8月，美国实验生物学学会联合会，再次确认了味精的安全性。1991年，欧洲共同体食品科学委员会确认味精为“无ADI(摄取量)规定”级别。在中国的《食品添加剂使用卫生标准》(GB2760－2011)中，谷氨酸钠作为按生产需要适量使用的增味剂被列入《可在各类食品中按生产需要适量使用的添加剂名单》，序号为19。

严谨的科学研究表明，味精是一种安全的食品成分，只要适量食用就是安全的，而且在营养和保健方面对人体健康有益，关键在于如何科学合理地食用。

安全选购技巧

（1）应在正规的大型商场或超市中购买味精产品。因为这些企业对所经销的产品一般都有进货把关，经销的产品质量和售后服务有保证。

（2）味精产品是必须有食品生产许可证的发证产品，消费者选购时，应尽量选择包装袋上印有“QS”标志的味精产品，产品质量才会有保障。

（3）选购时可从产品名称、配料表和谷氨酸钠含量来判定产品是纯味精（无盐味精）、含盐味精或者特鲜（强力）味精。

（4）最好选购晶体的味精，这种味精不易掺假；味精晶体应洁白、均匀、无杂质、流动性好、无结块。

（5）由于味精中含有食盐，易吸湿结块，因此在日常贮存时要密封防潮，最好放在干燥通风的地方。

健康提示：使用味精有诀窍

（1）对用高汤烹制的菜肴，不必使用味精。因为高汤本身就已具有鲜、香、清的特点，使用味精反而会将本味掩盖，令菜肴口味不伦不类。

（2）对酸性强的菜肴，如糖醋、醋熘菜等，不宜使用味精。因为味精在酸性环境中不易溶解，酸性越大溶解度越低，提鲜的效果越差。

在含碱性原料的菜肴中也不宜使用味精，因为味精遇碱会化合成谷氨酸二钠，产生氨水臭味。

（3）做菜使用味精，应在起锅时加入。因为在高温下，味精会分解为焦谷氨酸钠(即脱水谷氨酸钠),不但不产生鲜味,而且还会产生毒素,危害人体健康。味精使用时应掌握好用量,如投放量过多,会使菜品产生苦涩的怪味,造成相反的效果,每道菜使用味精不要超过 0.5 毫克。

(4) 1 岁以下的婴儿不要食用味精,因为味精食用后被肠道吸收进入血液,能与血液中的微量元素锌化合转化为谷氨酸锌而排出体外,小儿若经常摄入过多的味精,日积月累会导致缺锌。同样,哺乳期的母亲在饮食中味精也应适可而止或有所节制,否则会对婴儿的发育成长有所影响。

食用油的选购

食用油是指在制作食品过程中使用的动物油和植物油,它的主要成分为脂肪,还含有少量的类脂和其他微量成分等。动物油含脂肪 90% 左右,还含有胆固醇。植物油一般含脂肪 99% 以上,不含胆固醇,而且是我国居民维生素 E 的首要来源。成年人每人每天食用油摄入量宜控制在 25 克左右,而当前我国人均每天用油在 44 至 65 克,食用油的摄入量普遍偏高,所以如何正确选择食用油对我们的身体健康显得十分重要。

安全选购技巧

市场上的食用油品种琳琅满目,不仅有各种普通和特种单品类油,还有形形色色的调和油。食用油的类别和品种决定了各类脂肪酸的比例、营养和风味,日常生活中应根据个人的饮食习惯、年龄、身体状况以及烹调方式,选购适当的食用油。具体可以参考以下几点:

(1) 看标识。食用油的产品标志一般会标注油的种类、配料、质量

规范的食用油标签

等级、净含量、加工工艺、生产日期、保质期、产品标准号、贮存条件、QS 标志、营养成分表等内容。生产企业必须在外包装上标明产品原料生产地以及是否使用了转基因原料，必须标明生产工艺是“压榨”还是“浸出”。产品包装上的 4S 或 5S 压榨等字样，只是企业为了宣传而提出的“概念”。

食用油制取小常识

食用油主要是采用压榨法和浸出法来制取。压榨法是纯物理压榨制油工艺，这种方法不添加化学物质，保留了油料内的营养，无化学溶剂污染，但出油率较低，目前主要用于花生油、橄榄油、茶油等高档油品。浸出法主要是将油脂原料经过充分浸泡在溶剂油中进行高温提取，经过“六脱”工艺（脱脂、脱胶、脱水、脱色、脱臭、脱酸）加工而成，最大的特点是出油率高、生产成本低，但溶剂残留不可避免。

（2）看包装。尽量不要买散装食用油。对于印有商品条码的食用油，要看其条码印制是否规范，是否有改动迹象。如果桶口有松动或其他封口不严现象，则会导致油在存放过程中加速氧化。

（3）看颜色。不同油脂之间的颜色一般没有可比性，这主要和油脂原料以及加工工艺有关。同一品种、同一级别的食用油，颜色基本上没有太大的差别。如果油脂之间颜色差别明显，表示产品质量可能有问题，应谨慎购买。

（4）看透明度。透明度是反映油脂纯度的重要感官指标之一，纯净的油应是透明的。一般高品质食用油在日光和灯光下肉眼观察清亮、无雾状、无杂质、透明度好。

(5) 看有无沉淀物。高品质食用油无沉淀和悬浮物，黏度较小。沉淀物俗称油脚，主要是杂质，在一定条件下沉于油的底层。选购食用油时应选择透明度高、色泽较浅(但芝麻油除外)、无沉淀物的油。

(6) 看有无分层。若有分层现象则很可能是掺假的混杂油。优质的植物油静置24小时后，应该清晰透明，无沉淀。

(7) 闻气味、品滋味。不同品种的食用油各有其特殊的气味和滋味，但都没有异味，入口有浓郁的香味。变质油常常会产生一种难闻的怪味，如哈喇味、臭味或其他异味，入口有苦、涩、辣、焦臭、酸败味和溶剂味等。

健康提示

(1) 尽量避免长期使用同一品种的食用油。这种用油习惯会导致居民的脂肪、胆固醇摄入量普遍偏高，机体如长期缺乏必需的脂肪酸会影响免疫力、视力、脑功能以及心血管的健康，从而导致疾病的发生。

(2) 根据烹调方式合理选择食用油。烹炒和油煎时，可选择热稳定性较好的油脂，如茶油、花生油、菜籽油等；炖煮和不冒油烟的炒菜，可用大豆油、玉米油等耐热性略低的油脂；做沙拉、凉拌菜和煮菜，可用橄榄油、茶油等；在进行大量食品的油炸时，最好用动物油和棕榈油等含高饱和脂肪酸、烟点相对较高、热稳定性较好的油脂。

(3) 烹调时用油适量，油烧至七分热就好，不要热到冒烟才烹调食物。油脂加热到烟点时，会产生丙烯醛等物质，刺激眼睛和喉咙。精炼程度高的油脂发烟点相对提高，反复使用的油脂发烟点会下降。

(4) 每次用完油后应及时将瓶盖盖紧，存放在避光及低温干燥处。用过的油不要倒入新鲜油中，炸过的油用来炒菜为宜，且要尽快用完，不要反复使用。

（5）当油的体态变混浊、黏稠，色泽异常、变深，发烟浓，起泡多，哈喇味严重时，应该弃用。所谓加酒或其他物质再处理的方式，只是从表面上掩盖油脂的变质，并不能真正除去已产生的有害物质。

地沟油

地沟油产业链条已存在多年，并且渗透到批发零售各个环节，无论是地摊小吃、家庭餐桌还是星级饭店，似乎统统中招。许多人谈"油"色变，消费者对油敬而远之的背后，是对地沟油的无奈，担心吃到地沟油。

地沟油可分为三类：一是狭义的地沟油，指将下水道中的油腻漂浮物或者将饭店、酒楼的剩饭、剩菜（通称泔水）经过简单加工、提炼出的油；二是将劣质猪肉、猪内脏、猪皮加工提炼后产出的油；三是用于油炸食品的油使用超过一定次数后，再被重复使用或往其中添加一些新油后重新使用的油。

在炼制地沟油的过程中，动植物油经污染后发生酸败、氧化和分解等一系列化学变化，产生对人体有重毒性的物质。砷，就是其中的一种，人一旦使用含砷量巨大的地沟油后，会出现消化不良、头痛、头晕、失眠、乏力、肝区不适等症状。潲水油中含有黄曲霉素、苯并芘，这两种毒素都是致癌物质，可以导致胃癌、肠癌、肾癌及乳腺、卵巢、小肠等部位癌肿。地沟油的最大危害并非来自于"地沟"二字，而是来自"多次加热"和"氧化"这两个关键词汇。很多植物油并不耐热，在炒菜时160 ℃至300 ℃的高温下会发生热氧化等多种反应，让维生素E、必需脂肪酸等营养成分损失殆尽。少了营养的油就已经属于"坏油"，有害的反式脂肪酸、饱和脂肪会持续增加。有研究发现，脂肪肝、高血脂、高血压、胆囊炎、胃病等与吃这种多次加热的油都有关系，过多食用甚至可能增加罹患心脏病和多种癌症的危险。

从世界各国情况看，目前还没有特效的地沟油检测技术。许多人不能理解：现在科学这么发达，为什么就找不到可靠的方法来检测地沟油？准确地说，公众所说的“检测地沟油”，实际上是判定一种油是地沟油还是正常油。要可靠地检测一种东西，就需要这种东西有相对明确一致的组成与性质，而地沟油并非如此。作为一种“废料”，它的组成千差万别。当然，我们关心的是一种油是否含有害物质。只要含有任何一种有害物质，不管它是不是地沟油，都是不合格产品。在理论上，我们可以对地沟油中“可能存在”的有害物质一一检测，只要其中有任何一项不合格就可判定为“地沟油”，或者至少是“不合格的油”。地沟油全世界都有，而不让地沟油流向餐桌，关键还在于科学的监管和严格的执法。

城市中大小餐馆多得数不清，想要通过一一检测排查来禁绝地沟油，短期内是不可能实现的。日常就餐中，采取下列方法可有效避开地沟油：

(1) 尽可能地避开油炸、烟熏等用油量多的食物。在外就餐时，少吃重口味的食物，可以多点蒸、煮、炖等用油量少的食物。在点餐时可明确提出烹调时少油少盐，促进餐馆厨师改善烹饪方式。

(2) 就餐时，尽可能选择正规的餐馆。相比较而言，路边的小摊点使用地沟油的概率要大些。

(3) 不放心时涮一涮。吃饭时，如果觉得菜中使用的油太过黏腻，不妨在开水里涮一下。质量较好的油容易涮掉，而劣质油比较黏腻，不易涮掉。尽量少点有红油的菜品。

(4) 散装油是地沟油的主要销售渠道，因此，消费者在购置食用油时尽量去大超市选择有正规品牌和质量安全认证的食用油。

(5) 平时可以多摄入一些富含抗氧化成分的蔬菜、水果和坚果，如菠菜、洋葱、西兰花、卷心菜、甘蓝、柑橘、红提、核桃仁等，以抵消地沟油里过氧化物对人体的危害。

(6) 为使脂肪酸搭配合理，尽量选择在家用餐，家中可选购两种食用油(如大豆油和菜籽油)交替食用，以纠正长期在外饮食造成的脂肪酸摄入极不平衡的状况，有利于预防由此引起的多种慢性疾病。

怎样识别地沟油?

一看：看透明度，纯净的植物油呈透明状，在生产过程中由于混入了碱脂、蜡质、杂质等物，透明度会下降；看色泽，纯净的油为无色，在生产过程中由于油料中的色素溶于油中，油才会带色；看沉淀物，其主要成分是杂质。

二闻：每种油都有各自独特的气味。可以在手掌上滴一两滴油，双手合拢摩擦，发热时仔细闻其气味。有异味的油，说明质量有问题，有臭味的很可能就是地沟油；若有矿物油气味的则更不能买。

三尝：用筷子取一滴油，仔细品尝其味道。口感带酸味的油是不合格产品，有焦苦味的油已发生酸败，有异味的油可能是“地沟油”。

四听：取油层底部的油一两滴，涂在易燃的纸片上，点燃并听其响声。燃烧正常无响声的是合格产品；燃烧不正常且发出“吱吱”声音的，水分超标，是不合格产品；燃烧时发出“噼叭”爆炸声，表明油的含水量严重超标，而且有可能是掺假产品，绝对不能购买。

五问：问商家的进货渠道，必要时索要进货发票或查看当地食品卫生监督部门抽样检测报告。

另外，利用金属离子浓度与电导率之间的关系，通过检测油的电导率即可判断油中金属离子量。多次实验表明，潲水油电导率是一级食用油的5倍至7倍，由此可以准确识别出潲水油。

饼干选购篇

饼干是以小麦粉(可添加糯米粉、淀粉等)为主要原料,加入(或不加入)糖、油脂及其他原料,经调粉(或调浆)、成型、烘烤(或煎烤)等工艺制成的口感酥松或松脆的食品。按照加工工艺可分为酥性饼干、韧性饼干、发酵饼干、压缩饼干、曲奇饼干、夹心(或注心)饼干、威化饼干、蛋圆饼干、蛋卷、煎饼、装饰饼干、水泡饼干以及其他饼干。

如何选购酥性饼干

酥性饼干外观花纹明显,而且多为凸花,结构细密,孔洞较为显著,呈多孔性组织,口感酥松或松脆。这种饼干一般用糖与油脂的量要比韧性饼干多一些,并适量添加乳制品、蛋品、蜂蜜或椰蓉等营养物质或赋香剂,属于中档配料甜饼干。

安全选购技巧

市场上的酥性饼干多种多样,消费者在选择酥性饼干时,应注意以下几点:

(1) 查看产品标签。包括标签上的产品名称、净含量、配料表、营养成分表、制造者(或经销者)的名称和地址、产品标准号、生产日期、保质期、产地、QS 标志等是否齐全。

(2) 好的饼干酥性表面、边缘和底部均呈均匀的浅黄色到金黄色阴影，无焦边，有油润感；块形（片形）齐整，薄厚一致，花纹清晰，不缺角，不变形，不扭曲；组织细腻，有细密而均匀的小气孔断面，无杂质；甜味纯正，酥松香脆，无异味。

（3）优先选择近期生产的产品，并留意产品包装是否完整。

（4）打开包装后，如不能一次食完，宜用夹子夹紧封口，以防吸水变潮，那样不但影响口感，而且易使饼干变质。

健康提示

酥性饼干是茶余饭后的甜点，这种饼干由于制作时添加了脂肪和糖，热量很高，对于短时间内需要补充热量的人来说是一种较好的选择，比如学生课间加餐，重体力劳动者热量补充等。但如果是需要控制体重的人，以及高血脂、高血糖患者，则应尽量少吃或不吃酥性饼干。

细腻无杂质的韧性饼干是优选

韧性饼干分为普通型、冲泡型（易溶水膨胀的韧性饼干）和可可型（添加可可粉原料的韧性饼干）三种类型。这种饼干的印模造型大部分为凹花，其外观光滑，表面平整，印纹清晰，断面结构有层次，咀嚼有松脆感，表面有针眼（即生产过程中的放气孔，放气是为了使表面与底面平整）。韧性饼干配方的标准配比是油：糖＝1：2.5，油＋糖：面粉＝1：2.5，可见油脂和砂糖的用量相对较少。

安全选购技巧

市场上韧性饼干多种多样，消费者在选购时应注意以下几点：

（1）查看产品标签。包括标签上的产品名称、净含量、配料表、营养成分表、制造者（或经销者）的名称和地址、产品标准号、生产日期、保质期、产地、QS 标志等是否齐全。

（2）好的韧性饼干表面、底部、边缘都呈均匀一致的金黄色或草黄色，表面有光亮的糊化层；形状齐整，薄厚均匀一致，花纹清晰，不起泡，不缺边角，不变形；组织细腻，断面层次清晰，无杂质；酥松香甜，吃起来爽口，味道纯正，有咬劲，无异味。

（3）优先选择近期生产的产品，购买时注意产品包装是否完整。

（4）打开包装后，如果不能一次食用完，宜用夹子夹紧封口，以防吸水变潮，那样不但影响口感，而且易使饼干变质。

健康提示

韧性饼干的食用量不宜超过每天所需热量的 10%，青少年不宜超过 250 千卡，也就是每天摄入韧性饼干不超过 50 克，中老年人不超过 30 克。偏食、挑食的少年儿童常吃一些强化钙、铁、锌的饼干有一定的好处。

油泡点均匀的才是优质发酵饼干

发酵饼干就是在普通饼干的制作基础上加上发酵粉制作而成，这样烘烤出来的饼干具有面粉发酵的醇香，一般有咸发酵饼干和甜发酵饼干两种，市面上比较常见的为苏打饼干。

安全选购技巧

（1）查看产品标签。包括查看标签上的产品名称、净含量、配料表、营养成分表、制造者(或经销者)的名称和地址、产品标准号、生产日期、保质期、产地、QS 标志等是否齐全。

(2) 好的发酵饼干外形完整,厚薄大致均匀,具有较均匀的油泡点,不变形、不起泡,没有裂缝及收缩变形现象;呈浅黄色或谷黄色(泡点允许棕黄色),色泽基本均匀,表面略有光泽或呈该品种应有的色泽,无白粉,不应有过焦、过白的现象;咸味适中,具有发酵制品应有的香味及该品种特有的香味,无异味;口感酥松或松脆,不粘牙;断面结构层次分明;无油污,无异物。

(3) 打开包装后,如不能一次食用完,宜用夹子夹紧封口,以免吸水变潮后影响口感和变质。

健康提示

咸发酵饼干含有盐分,可在夏季盐分流失严重的环境下为身体补充足够的钠离子,同时也能补充足够的营养,但不宜长期食用。因为长期食用盐性饼干容易造成钠离子摄入量超标,引起动脉硬化、水肿、高血压等血液类疾病。

但如果是胃病患者,苏打饼干就可以常备身边了,因为苏打饼干中的成分能与酸离子进行反应,从而中和过多的胃酸,缓解胃部疼痛,即便不痛的时候吃一点,只要不过量,对身体也是非常有益的。

多关注曲奇饼干的油脂成分

曲奇饼干分为普通型、花色型(在面团中加入椰丝、果仁、巧克力碎粒或不同谷物、葡萄干等糖渍果脯的曲奇饼干)、可可型(添加可可粉原料的曲奇饼干）和软型（添加糖浆原料、口感松软的曲奇饼干）四种类型。因香味浓郁、口感酥脆而广受欢迎。

安全选购及存放技巧

（1）查看产品标签。包括标签上的产品名称、净含量、配料表、营养成分表、制造者（或经销者）的名称和地址、产品标准号、生产日期、保质期、产地、QS 标志等是否齐全。

（2）看油脂。不同曲奇饼干的油脂用量及种类有一定差别，普通的植物油营养价值较高；牛油、猪油、黄油等动物油具有一定的营养价值，但不是十分的高；起酥油、植物奶油、氢化植物油营养价值较低。

（3）看膳食纤维含量。现在很多曲奇在制作过程中加入了膳食纤维，膳食纤维具有良好的吸油性和吸水性，因此烘烤出来的饼干更加松软，色泽也更加饱满，而且能有效地降低油脂的含量。为了避免油脂过多，商家大多在产品中体现“强化纤维”和“高强化纤维”或者“富纤维”的概念。一般来说纤维含量越高的曲奇饼干相对来说越健康。

（4）打开包装后，如不能一次食用完，宜用夹子夹紧封口，以免吸水变潮后影响口感，且易使饼干变质。

健康提示

普通曲奇饼干含油量较高，“三高”及糖尿病人群不宜食用，普通人群也需控制食用量。

当心夹心或注心饼干里的反式脂肪酸

夹心（或注心）饼干是指在饼干单片之间（或饼干空心部分）添加糖、

油脂、乳制品、巧克力酱、各种复合调味酱或果酱等夹心料而制成的饼干。夹心饼干分为油脂型(以油脂类原料为夹心料的夹心饼干)和果酱型(以水分含量较高的果酱或调味酱原料为夹心料的夹心饼干)两种类型。

安全选购及存放技巧

(1) 查看产品标签。包括标签上的产品名称、净含量、配料表、营养成分表、制造者(或经销者)的名称和地址、产品标准号、生产日期、保质期、产地、QS 标志等是否齐全。

(2) 打开包装后,如不能一次食用完,宜用夹子夹紧封口,以免吸水变潮影响口感,且易使饼干变质。

健康提示

夹心饼干中通常会加入黄油、巧克力、果酱或者奶油等其他松软添加物,而"植物黄油""人造奶油""人造黄油""人造脂肪"等均是反式脂肪酸(即将植物油中的不饱和脂肪酸加氢,转化为饱和脂肪酸)。经常食用这种含反式脂肪酸的食品,有可能增加人类患心脑血管疾病的风险。

色素和香精用得越少的威化饼干越安全

威化饼干是一种膨化状态的饼干,这种饼干几乎将饼干的松脆发挥到了极致。外形完整、花纹清晰、入口即化是这类饼干无可比拟的优点。

安全选购及存放技巧

（1）查看产品标签。包括查看标签上的产品名称、净含量、配料表、营养成分表、制造者（或经销者）的名称和地址、产品标准号、生产日期、保质期、产地、QS标志等是否齐全。

（2）注意添加剂的成分。威化饼干中夹心的味道主要来源于香精和色素，在配料表上，色素和香精出现得越少，其对身体的不利影响越小。比如巧克力威化饼干，要注意其添加成分是可可脂还是代可可脂，代可可脂属于反式脂肪酸。

（3）打开包装后，如不能一次食用完，宜用夹子夹紧封口，以免吸水变潮影响口感，且易使饼干变质。

健康提示：多吃威化饼干容易发胖

威化饼干所含热量较大，十块普通威化饼干就可以满足一个成年人一天的能量所需，因此威化饼干尽量少吃，不然易发胖，且对身体有不利影响。

糕点选购篇

糕点是以面粉或米粉、糖、油脂、蛋、乳品等为主要原料，配以各种辅料、馅料和调味料，初制成型，再经蒸、烤、炸、炒等方式加工制成的食品。糕点品种多样，花式繁多，约有3000多种。月饼、蛋糕、酥饼等均属糕点。

安全选购技巧

（1）查看产品标签。包括标签上的产品名称、净含量、配料表、营养成分表、制造者（或经销者）的名称和地址、产品标准号、生产日期、保质期、产地、QS标志等是否齐全。

（2）看油脂种类。由于氢化植物油属于反式脂肪酸，所以建议尽量不购买添加氢化植物油的糕点。

健康提示

儿童、青少年尽量少吃烘烤类糕点。

高脂血症、冠心病患者尽量不要吃烘烤类糕点。

发污发干的一定是劣质月饼

我国月饼品种繁多：以口味分，有甜味、咸味、咸甜味、麻辣味；以馅心分，有五仁、豆沙、冰糖、芝麻、火腿月饼等；按饼皮分，有浆皮、混糖皮、酥皮三大类。按地域可分京式、津式、广式、苏式、潮式等五大类，这五类月饼花色近似，但风味却迥然不同：京、津月饼以素见长，油与馅都是素的；广式月饼则轻油而偏糖；苏式月饼外皮层次多且薄，酥软白净、香甜可口，外皮越松越白越好，口味浓郁，油糖用量皆高，且偏于松酥；潮式月饼身较扁，饼皮洁白，以酥糖为馅，入口香酥。

安全选购技巧

（1）查看产品标签。包括标签上的产品名称、净含量、配料表、营养成分表、制造者（或经销者）的名称和地址、产品标准号、生产日期、保质期、产地、QS 标志等是否齐全。

（2）看外观：月饼的块型大小应均匀、周正饱满，薄厚均匀、花纹清晰、表面无裂纹、不露馅。新制作的月饼色泽鲜亮，外表油亮，口感绵软；陈旧劣质月饼色泽不正，暗淡不亮，发污发干。优质月饼表面呈金黄色、底部呈红褐色、墙部呈乳白色，火色均匀，皮沟不泛青，表皮有蛋液及油脂光泽。

健康提示

糖尿病、胃溃疡、十二指肠溃疡、肥胖患者不宜吃月饼。

患有龋齿的人在吃月饼以后，易造成龋洞加深，还会引发牙髓炎，使疼痛加剧，所以应尽量少吃月饼。

肥胖病、高血脂、动脉硬化、高血压及冠心病的患者，建议少吃或不吃月饼。

胆结石病人吃了月饼后，会刺激胆汁分泌，易引起疾病发作，所以胆结石患者一定要禁食月饼。

此外，患有慢性腹泻、急性肝炎和恢复期肝炎的人，也需忌食月饼。

案例

用过期馅生产“毒月饼”遭严惩

2014年的“3·15”前夕，上海市第一中级人民法院对两起涉食品安全刑事案件作出了二审裁判。

上海盼盼食品有限公司等六名被告单位及被告人被判犯生产、销售有毒、有害食品罪，处相应有期徒刑及罚金；上海谷润贸易有限公司等三名被告单位及被告人被判犯非法经营罪，处相应有期徒刑及罚金。

张某是盼盼公司法定代表人，他和高某等五人为盼盼公司股东，均参与公司经营管理。2012年6月底的一天晚上，五人在明知回收的过期月饼不能作为食品原料的情况下，为降低生产成本，合谋决定将经销商处退回的部分过期月饼馅料回炉生产。2012年8月1日至5日，盼盼公司将掺入过期月饼馅料生产的月饼销往十余家单位，数量达6994千克，价值100987.40元。2012年8月7日，质量技术监督部门在盼盼公司厂房内查获回收的过期月饼约3000千克。同年9月4日，上海市食品药品监督所出具报告，评价送检的盼盼公司成品月饼中检出霉菌超标。

一审依法判处盼盼公司罚金100万元；判处张某等5人五年至六年不等有期徒刑，并处10万至12万元不等罚金。部分被告人不服一审判决，提起上诉。上海一中院二审就上诉人提出的案件定性、生产销售有毒有害食品的数量及金额等上诉理由一一予以回应，并认为一审判决认定犯罪事实清楚，证据确实、充分，定罪准确，量刑适当，且诉讼程序合法。二审依法裁定驳回上诉，维持原判。

倪某为谷润公司、睿钧公司的实际经营人，两公司的经营范围分别为销售饲料、饲料原料等和化工原料及产品等。顾某(已被判刑)是仕明公司法定代表人，该公司经营范围为食用动物油脂(牛油)，生产产品是食用精炼牛油。

倪某在经营两公司期间，从澳大利亚、新西兰购入工业用牛羊油开展销售。2009 年始，倪某将进口的工业用牛羊油在仕明公司进行

储存、中转。期间，倪某在明知仕明公司是一家专门生产食用牛羊油的食用油脂经营企业，且购入进口工业用牛羊油用于生产食用牛羊油的情况下，为牟利，仍与顾某达成购销协议，将两公司购入的工业用牛羊油销售给仕明公司用于食用牛羊油生产。

2010 年 2 月至 2012 年 1 月间，谷润公司、睿钧公司分别向仕明公司销售工业用牛羊油 2833 吨和 2707 吨，销售额为 1794 万元和 1915 万元。仕明公司利用上述工业用牛羊油生产食用精炼牛油，并对外销售给相关食品企业。法院一审依法判处谷润公司罚金 900 万元，睿钧公司罚金 1000 万元；判处倪某有期徒刑十三年，罚金 100 万元。

被告单位及被告人均不服一审判决，提起上诉。上海一中院二审经审理后依法裁定驳回上诉，维持原判。

商报记者了解到，在过期月饼一案的庭审过程中，法官问：“你们做的月饼送过自己的亲戚朋友吗，为什么原因没送?”被告人回答：“没有送过，因为这是过期月饼馅料做的。”

法官表示，食品安全问题的存在，不仅仅是制度规范、外部监管的责任，同样重要的，是广大食品生产、经营者应该树立起真正的食品安全意识。多几分诚信、自律，像关心自己“亲戚朋友”般关心自己

产品的消费者，保证自己生产经营的食品是有质量的，是安全的。这不是一种道德提倡，而是一种起码的行业操守和社会责任。

（应一琳　潘静波）

怎样才能买到安全的蒸煮类糕点

蒸煮类糕点是指经蒸汽而成熟的糕点制品，蒸煮类糕点都是软性的，富含水分。面粉制成的蒸制品大多经酵母发酵，而粳米粉、绿豆粉、淀粉制品则不需发酵；粳糯米粉制品有发酵的也有不发酵的。

蒸煮类糕点的新鲜程度要求较高，除年糕、绿豆糕可稍放几天外，一般都要求当日产当日销。购买后要防止风吹，以免干裂影响风味和口感。

安全选购技巧

可以从以下方面来增强对蒸煮类糕点质量的判断：

（1）外观整齐，具有该品种应有的形态特征；

（2）颜色均匀，具有该品种应有的色泽特征；

（3）粉质细腻，粉油均匀，不松散，不掉渣，无颗粒，无分块，组织松软，有弹性，具有该品种应有的组织特征；

（4）风味纯正，无异味。

健康提示

部分蒸制类糕点中的糯米含量较高，不易消化，老年人、儿童、体重超标或其他慢性病如糖尿病、肾脏病、高血脂患者应少食。

饮料选购篇

饮料又称饮品，是指经过定量包装的，供直接饮用或用水冲调饮用的，乙醇含量不超过质量分数为0.5%的制品，不包括药用饮品。饮料按原料或产品性状可分为11个类别及相应各类，即碳酸饮料（汽水）类、果汁和蔬菜汁类、蛋白饮料类、包装饮用水类、茶饮料类、咖啡饮料类、植物饮料类、风味饮料类、特殊用途饮料类、固体饮料类和其他饮料类。

安全饮品标志

优先选购近期生产的碳酸类饮料（汽水）

碳酸类饮料（汽水），是指在一定条件下充入二氧化碳气体的饮料，不包括由发酵法自身产生的二氧化碳气体饮料。二氧化碳气体独特的口感使饮料风味突出、口感强烈，不仅能杀菌、抑菌，还能带走人体内多余的热量，起到消暑降温的作用，是饮料市场的宠儿。

安全选购技巧

市场上碳酸类饮料有果汁型、果味型、可乐型以及其他型，可谓多种多样，消费者在选购碳酸类饮料（汽水）产品时，可以注意以下几点：

（1）查看产品标签。包括查看标签上的产品名称、净含量、配料表、营养成分表、制造者（或经销者）的名称和地址、产品标准号、生产日期、保质期、产地、QS 标志等是否齐全。此外，如果是果汁型碳酸饮料，还应标明果汁含量。

（2）对于采用透明包装的产品，选购时可以对光观察，先倒过来看瓶底，应无沉淀或悬浮物，没有渗漏，而瓶盖封口则应密闭，再注意看瓶内有无杂质、是否混浊。

（3）优先选择近期生产的产品，尤其是在夏秋季节；购买时尽量选择罐体坚硬不易变形的产品。

（4）打开包装后应尽快饮用，因为开封后二氧化碳会逐渐逸出，延迟饮用会影响口感。

健康提示

碳酸饮料（汽水）类产品是深受年轻人青睐的饮料之一，由于能给人带来爽快的独特口感，常常让人欲罢不能，从而过量饮用。对于部分人群而言，这类饮料中含有的较多糖分和热量可能会导致肥胖，磷酸等酸性物质的过多摄入也会影响钙的代谢和吸收。糖尿病患者等对糖和热量摄入有特殊要求的人群可以选择标有“低糖”或“无糖”的碳酸饮料产品。

选购果汁和蔬菜汁类饮料一定要细看标签说明

果汁和蔬菜汁，是指以水果和（或）蔬菜（包括可食的根、茎、叶、花、果实）等为原料，经加工或发酵制成的饮料。果蔬汁含有果蔬中所含的各种可溶性营养成分，如矿物质、维生素、糖、酸等，还有果蔬的芳香成分，因此营养丰富，风味诱人。

果汁和蔬菜汁类饮料主要有以下几类：

(1) 果汁(浆)和蔬菜汁(浆)。是指采用物理方法，将水果或蔬菜加工制成可发酵但未发酵的汁(浆)液，或在浓缩果汁(浆)或浓缩蔬菜汁(浆)中加入果汁(浆)或蔬菜汁(浆)浓缩时失去的等量的水，复原而成的制品。这类饮料可以用食糖、酸味剂或食盐来调整风味，但不得同时使用食糖和酸味剂来调整风味。

(2) 浓缩果汁(浆)和浓缩蔬菜汁(浆)。是指采用物理方法从果汁(浆)或蔬菜汁(浆)中除去一定比例的水分，加水复原后具有果汁(浆)或蔬菜汁(浆)应有特征的制品。

(3) 果汁饮料和蔬菜汁饮料。果汁饮料是指在果汁(浆)或浓缩果汁(浆)中加入水、食糖和(或)甜味剂、酸味剂等调制而成的饮料，可加入柑橘类的囊胞(或其他水果经切细的果肉)等果粒。蔬菜汁饮料是指在蔬菜汁(浆)或浓缩蔬菜汁(浆)中加入水、食糖和(或)甜味剂、酸味剂等调制而成的饮料。

(4) 果汁饮料浓浆和蔬菜汁饮料浓浆。是指在果汁(浆)和蔬菜汁(浆)或浓缩果汁(浆)和浓缩蔬菜汁(浆)中加入水、食糖和(或)甜味剂、酸味剂等调制而成，稀释后方可饮用的饮料。

此外还有复合果蔬汁(浆)及饮料、果肉饮料、发酵型果蔬汁饮料、水果饮料和其他果蔬汁饮料。

安全选购技巧

(1) 查标签。注意看标签上的产品名称、配料表、产品标准号、保质期、净含量、制造者(或经销者)的名称和地址、产地、营养成分表、生产日期、QS 标志等是否明确。果汁饮料、蔬菜汁饮料应标明(原)果汁含量、

规范的果汁饮品标签

（原）蔬菜汁含量。添加食糖的果汁，应在产品名称的邻近部位清晰地标明“加糖”字样，比如“加糖苹果汁”。

（2）看外观。凡不带果肉的透明型饮料，应清澈透明，无任何漂浮物和沉淀物；不带果肉且不透明型饮料，应均匀一致，不分层，不得产生浑浊；果肉型饮料，可见不规则的细微果肉，允许有沉淀。瓶装或罐装饮料的瓶口、瓶身不得有糖渍和污物，软包装饮料手捏不变形，瓶盖、罐身不得凸起，产品包装无渗漏和胀包现象。

（3）这类饮料都应避免阳光直晒及高温，打开包装后也必须尽快饮用。

健康提示

在选购果汁饮料时应根据其果汁含量、纯度、水果种类来判断营养价值，一般来说混合果汁的营养更全面。果（蔬）汁饮料中除 100% 原果（蔬）汁外，在生产过程中都要加入糖、食用色素、香料和防腐剂，所以在日常生活中不能用其代替水果和水。

服用抗生素前后 2 小时内不要饮用果汁，因为果汁中的果酸能加速

抗生素溶解，会降低药效。

儿童也不宜大量饮用，会因抑制食欲或过多摄入糖分而导致肥胖；尤其是两周岁以下的幼儿，不可过多饮用果汁，否则会影响铜和钙的吸收。

果汁对牙釉质也有损害，所以，喝完果汁饮料后应及时漱口。

选购蛋白饮料时要小心“被误导”

蛋白饮料是指以乳或乳制品或有一定蛋白质含量的植物的果实、种子或种仁等为原料，经加工或发酵制成的饮料，主要可分为含乳饮料、植物蛋白饮料和复合蛋白饮料三类。

安全选购技巧

（1）查看产品标签上的产品名称、配料表、产品标准号、保质期、净含量、制造者（或经销者）的名称和地址、产地、营养成分表、生产日期、QS 标志等是否齐全，内容是否明确。

（2）植物蛋白饮料中的蛋白质含量并不能满足缺乏蛋白质人群的需求，所以通过每天喝植物蛋白饮料来补充每日所需蛋白质的想法并不现实，而且有的厂家为了降低成本，在选择原料时可能偷工减料，并没有添加足够多的诸如核桃、大豆等成分，导致不少产品中的蛋白质含量不达标。即便是符合国家标准的植物蛋白饮料，每 100 毫升的饮料蛋白质含量也只有 0.5 克，也就是说一罐 300 毫升的饮料，其中蛋白质含量也可能只有不到 2 克，而根据中国营养学会推荐，成人每日要摄取蛋白质 65 至 75 克，因此通过喝植物蛋白饮料来补充蛋白质绝对是“杯水车薪”。

（3）活菌型发酵型含乳饮料及活菌型乳酸菌饮料在产品标签上应标明乳酸菌活菌数，选购的时候要看清楚保质期和贮存温度等贮藏条件。部分企业可能会在食品名称的字号大小或色彩上做些设计，导致消费者很容易误把含乳饮料当作牛乳，消费者在选购的时候一定要看清楚。

健康提示

蛋白饮料也是饮料，既不可超量饮用，也不能代替正常饮食。饮料中大多会添加糖分，多喝会导致热量超标，而对于糖尿病患者和想要减肥的人群来说，植物蛋白饮料也并不适宜。

饮用水的包装必须完全密封

水是生命之源，饮用健康优质的好水是每个人的心愿。市面上销售的瓶装饮用水主要包括饮用天然矿泉水、饮用天然泉水、其他天然饮用水、饮用纯净水、饮用矿物质水和其他包装饮用水等类型，这些饮用水无论在颜色、包装上都很相似，因此很多人在购买时容易混淆。

包装饮用水主要有饮用天然矿泉水、饮用天然泉水、其他天然饮用水、饮用纯净水、饮用矿物质水、其他包装饮用水等。其中前三种是以未经过公共供水系统的天然水为水源，而且天然矿泉水的开采还必须获得国土资源部门的“采矿许可”，因此价格较高；后三者则是以符合生活饮用水水质标准的水为原料制成的饮用水，价格比较实惠，能满足大部分人群的需求。

安全选购技巧

（1）看标签。主要看产品名称、产品标准号、净含量、生产日期、保持期、制造者的名称和地址、产地、QS 标志等。此外，选购饮用天然矿泉水时还要注意查看是否标明矿泉水水源点名称、产品达标的界限指标、溶解性总固体含量以及钾、钠、钙、镁等主要阳离子的含量范围。

（2）看包装。饮用水包装瓶或包装桶材料应晶莹透亮、光泽均匀，用手挤压瓶身或桶身来检验产品的密封性，必须无渗出或其他密封不严现象。

（3）注意感官质量。合格的饮用水一般应无色、透明、清澈、无异臭、异味，无肉眼可见物。饮用天然矿泉水允许有极少量的天然矿物质盐沉淀，但不得有其他异物。如果有异色、异味、浑浊、有絮状物或杂质，则是不合格品。

天然水中含有的矿物质和微量元素不尽相同，口感也会各有不同。口感好，说明水中矿物质及微量元素含量适中且均衡，适合长期饮用，这是最直观感性的辨别标准之一。如低钠低矿化度天然（矿）泉水口感清冽舒爽而微甜；含钠、锶较高的天然（矿）泉水带有咸味；硫化钠天然（矿）泉水带有涩味；氯化镁、硫化镁天然（矿）泉水略带苦味等。

（4）饮用水的包装打开后，应在短期内尽快饮完。

天然矿泉水也不是人人都可以畅饮的

天然泉水和天然饮用水中含有多种人体必需的天然矿物质，并且水质呈弱碱性，是较为理想的饮用水源。在欧美发达国家，天然矿泉水是饮用水的消费主流。在我国，随着人们健康意识的提升，饮用天然矿泉水也已成为时尚。但高血压、肾病患者要谨慎选择，因为一些矿泉水中含有较多的钠元素，钠是盐的主要成分，喝矿泉水可能导致每天盐摄入量超标，如果不能将多余的钠排出体外，会对这些患者的身体形成潜在威胁，还可能加重病情。

长期饮用纯净水可能导致微量元素缺乏

纯净水在生产中去除了几乎全部的杂质，因此不必担心重金属和有害微生物的问题。但在加工过程中也将水中含有的人体所需矿物质一并去除了。没有杂质也没有人体所需微量元素的纯净水其实不具备什么营养价值，长期饮用会导致微量元素缺乏。矿物质水虽然在纯净水的基础上添加了一定的矿物质，但其矿物质含量和种类都无法与矿泉水相比，而且由于添加的矿物质是人工合成的，很难被人体全面吸收，同时矿物质水是大分子团形态，因此可能并不是真正适合人饮用的健康水。

颜色异常的茶饮料质量不佳

茶饮料是以茶叶的水提取液或其浓缩液、茶粉等为原料，经加工制成的饮料。茶饮料具有茶叶的独特风味，含有一定量的天然茶多酚、咖啡因等茶叶有效成分，兼有营养、保健功效，是天然、安全、清凉、解渴的多功能饮料。

按原辅料种类和加工方法的不同，茶饮料可分为四大类：

（1）茶饮料（茶汤）。这类饮料是以茶叶的水提取液或其浓缩液、茶粉等为原料加工制成，保留了原茶叶应有的风味，可能添加有少量的食糖和（或）甜味剂。按原料茶叶的类型可分为红茶饮料、绿茶饮料和乌龙茶饮料等。

（2）茶浓缩液。这类饮料是采用物理方法将茶叶的水提取液浓缩制成，在加水复原后仍具有原茶汁应有的风味。

（3）调味茶饮料。调味茶饮料主要是以茶叶的水提取液或其浓缩液、茶粉等为原料，加入食糖和（或）甜味剂等食品配料调味，辅以香精香料制得的。目前比较流行的果汁茶饮料和果味茶饮料、奶茶饮料和奶味茶饮料、碳酸茶饮料等都属于调味茶饮料。

（4）复（混）合茶饮料。即以茶叶和植（谷）物的水提取液或其浓缩液、干燥粉为原料加工制成的具有茶与植（谷）物混合风味的液体饮料。广受欢迎的蜂蜜柚子茶、茉莉花茶等即属此类。

安全选购技巧

（1）查看标签。市场上有部分茶饮料产品名称不规范，没有真实反映其真正属性，如只标奶茶而不加上“饮料”两字，只标“柠檬茶”或“杏茶”，而不明确标示是果味茶饮料等。还有部分茶饮料标签中的配料表不规范，按茶饮料标准的规定，各种类型的茶饮料其关键物质的含量必须达到一定的水平，如茶多酚是茶饮料的主要功能成分，茶饮料（茶汤）、果汁茶饮料、碳酸茶饮料、复（混）合茶饮料中茶多酚含量分别应在300、200、100、150毫克/千克以上；果汁茶饮料中果汁含量质量百分比应在5%以上；奶茶饮料中乳蛋白质含量应在0.5%以上等。

（2）看外观。茶汤饮料应具有茶类应有的色泽，透明，允许略有沉淀。果味及果汁茶饮料呈茶汤或类似某种果汁应有的混合色泽，果味茶饮料应清澈透明，允许稍有浑浊和沉淀，果汁茶饮料应透明或略带浑浊，允许稍有沉淀。碳酸茶饮料应具有原茶类应有的色泽，透明，允许稍有浑浊和沉淀。奶味茶饮料应为浅黄色或浅棕色的乳液，允许有少量沉淀，振摇后仍呈均匀状乳浊液；其他茶饮料应具有该产品应有的色泽，透明或略带浑浊，允许稍有沉淀。所有饮料应均无肉眼可见的外来杂质。各种瓶装茶饮料倒置时，均不应有渗漏现象；如饮料颜色太黏稠、太鲜红或颜色异常，则说明质量不佳。

（3）看生产日期茶饮料产品与茶叶一样，都是容易变质的物质，因此应尽量选用新鲜的产品。

（4）品滋味。茶汤饮料具有原茶类应有的香气和滋味；果味茶饮料、果汁茶饮料具有类似某种果汁和茶汤的混合香气和滋味，香气柔和，甜酸适口；奶味茶饮料具有茶和奶混合的香气和滋味；碳酸茶饮料具有品种特征应有的香气和滋味，香气柔和，甜酸适口，有清凉杀口感；其他茶饮料具有品种特征应有的香气和滋味，无异味，味感纯正。

（5）选择适合自己的茶饮料产品。特殊人群可选择注有"低糖""无糖"或"低咖啡因"等字样的产品。追求产品保健功能的消费者在选用茶饮料时，应选购茶多酚等含量相对较高的产品。

（6）选择正规大企业的产品。茶饮料是业界公认的最难加工的饮料产品之一，在加工过程中容易产生混浊、褐变、芳香物质逸散等，而且产品的风味品质和营养成分保留率与工艺技术密切相关，正规大企业的质量管理水平相对较高，工艺技术先进，质量有保证。

健康提示

贫血患者特别是缺铁性贫血的病人，不宜饮用茶饮料，易加重病情。

神经衰弱、甲状腺功能亢进患者也不宜饮用，因为茶中咖啡因能引起基础代谢增高，加重病情。

孕妇或哺乳期妇女也不适合饮用茶饮料。

选购固体饮料也要提防反式脂肪酸

固体饮料是指用食品原料、食品添加剂等加工制成粉末状、颗粒状或块状等固态料的供冲调饮用的制品。如果汁粉、豆粉、茶粉、咖啡粉、果味型固体饮料、固态汽水（泡腾片）、姜汁粉等。固体饮料是饮料的一个特殊品种，具有体积小、速溶性好、保存期长等特点。

固体饮料主要包括两类：

（1）蛋白型固体饮料。如豆奶粉、核桃粉、麦乳精等。

（2）看形态。普通型固体饮料。常见的产品有酸梅粉、橘子粉、菊花精、速溶咖啡、速溶茶粉、茅根精等。

安全选购技巧

（1）查产品标签。主要看产品名称、配料表、产品标准号、保质期、净含量、制造者（或经销者）的名称和地址、产地、营养成分表、生产日期、QS标志等是否标识齐全。

（2）看形态。粉状固体饮料应松散且颗粒大小均匀一致，不允许有潮解或结块；遇水易溶化，容器底部不得有杂质。

（3）提防反式脂肪酸。很多固体饮料或速溶饮品的配料中都会有“植脂末”，它通常是用葡萄糖浆、氢化植物油和酪蛋白酸钠配成，其中含有稳定剂、乳化剂和抗结剂等三类食品添加剂，而氢化植物油就含有反式脂肪。反式脂肪又名反式脂肪酸，一般是由植物油经过部分氢化处理产生的。与一般植物油相比，反式脂肪具有耐高温、不易变质、存放更久等优点。但医学研究显示，经常食用反式脂肪含量高的食品易增加人患心血管疾病的风险，摄入过多的反式脂肪酸可能会诱发肿瘤、哮喘、糖尿病、过敏等疾病，对青少年发育有不利影响。

健康提示

固体饮料由于水分含量非常低，因此许多营养成分的含量相对较高。但即便是蛋白型固体饮料也只能作为辅助补充营养的食品，并不能替代正常饮食中所能摄取的多种营养元素。

固体饮料所含营养成分在高温下容易分解变质，饮用固体饮料时最好不要用过烫的水来冲调，水温通常以50℃～60℃为宜。

如何选购咖啡饮料、植物饮料、风味饮料、特殊用途饮料类及其他饮料

饮料的类别多种多样，但无外乎就是咖啡饮料、植物饮料、风味饮料和特殊用途饮料这几个类别。

各类饮料的功能各有差异，但不能因此就认为其对身体健康或疾病防治方面有很大作用。比如风味饮料的特点主要是口感、风味较好。但包装上标明这种风味并不表示真的实际添加了该种物质，生产商往往是通过使用多种食品添加剂来调配出某些风味、口感或外观状态以满足消费者的口感或风味需求。

安全选购技巧

在选购时除了最好通过正规销售渠道购买知名品牌的产品外，还应注意以下几点：

（1）认真查商品标识。除了查看产品标签上的产品名称、配料表、产品标准号、保质期、净含量、制造者（或经销者）的名称和地址、产地、营养成分表、生产日期、QS 标志等主要内容是否完整之外，还要注意查看产品说明，了解其添加成分、主要作用及适用人群。

（2）某些饮料特殊人群不宜饮用。比如一些含有钠元素的功能型饮料，钠会增加机体负担，引起心脏负荷加大、血压升高，患有高血压和心脏疾病的人应避免饮用。有的饮料如"咖啡饮料"含有咖啡因等刺激中枢神经的成分，儿童和老年人要慎用。对于身体健康，体力消耗不大、不需要特别补充能量的人，喝这些特殊用途饮料除了能够解渴外，并没有太多实际意义。

（3）不能过量饮用。添加剂种类与用量符合国家安全规定的功能性饮料，如果只是偶尔或少量饮用，其实问题不大，大家不用过分担心。但必须注意的是，任何功能饮料都不适合长期大量饮用，即使是普通人长期饮用或过量饮用也对健康不利。大多数功能性饮料含有一定的糖分，所以糖尿病患者，肥胖、血糖偏高、高血脂和高血压患者应慎用。一些饮料中含有苯甲酸钠这样的防腐剂，主要用于饮品保质，从食品安全的角度上来说，也不建议人体摄入过多含防腐剂类的饮料。

健康提示

咖啡饮料、植物饮料、风味饮料、特殊用途饮料及其他饮料并不能代替蔬菜、水果等天然食物，更不能代替日常饮水。

饮用时应注意不要与酒同饮。

案例

关于“毒饮料”中的“起云剂”与“塑化剂”

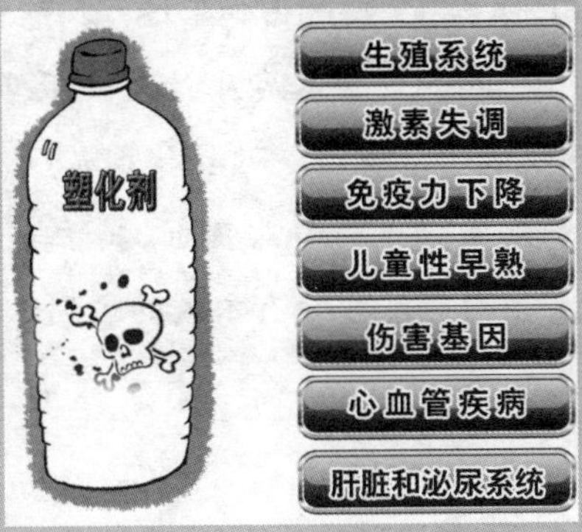

在我国台湾“毒饮料”事件中，起云剂、塑化剂，是人们听到最多的两个词。台湾媒体口中的起云剂，其实就是我们平时讲的食品添加剂中的乳化剂。乳化剂添加到食品中可显著降低油水两相界面张力，使互不相溶的油（疏水性物质）和水（亲水性物质）形成稳定乳浊液，是合法食品添加剂。正规的起云剂，是由阿拉伯胶、乳化剂、棕榈油及多种食品添加物等物质按照一定配方和步骤复配而成，并计算合适的用量用于食品中，经常用于果汁、果酱、饮料等食品，有防止沉淀、形成雾化成云的效果，故称为起云剂。起云剂的主要成分为精制棕榈油，但为了降低生产成本，一些食品添加剂厂家会非法使用成本更低的应用在塑料工业中的添加剂——塑化剂来取代部分棕榈油。

塑化剂是一种增加高分子材料可塑性的化学物质，大陆也叫做增塑剂，它被广泛使用在塑料、皮革等高分子材料中，不是食品添加剂。塑化剂种类繁多，台湾省的不法企业添加的是邻苯二甲酸酯类物质，其中最常见的品种DEHP（商业名称为DOP）是一种无色、无味液体，其他邻苯二甲酸酯类塑化剂还包括DBP、DMP、DEP等成分。邻苯二甲酸酯类物质属于内分泌干扰物，是一类具有与生物调节激素相似结构和功能的小分子有机污染物，它可能干扰生物体内分泌正常功能，进而影响其生长、发育、行为及生殖，这种物质既不是食品原料，也不是食品添加剂。我国卫生部发布的2011年第16号公告将邻苯二甲酸酯类物质列入第六批“食品中可能违法添加的非食用物质”黑名单。食品中的塑化剂污染主要是由加工过程及包装材料污染造成。

起云剂其本质应该是食品乳化剂，对于乳化剂，人们不用太担心，因为正规适量的乳化剂是可以食用的，对人的身体无害。而塑化剂是高分子材料改良剂，属于非食用物质，不能出现在食品中，两者在应用领域方面有本质的区别。

方便食品选购篇

方便食品是由工业化大规模加工制成的、可直接食用或经简单烹调即可食用的食品，也称“即食食品”或“快餐食品”等。

方便食品品种繁多，覆盖面广，其原料、加工工艺也各有不同，目前我国尚无统一的方便食品分类标准，一般按照制品用途、主要原料或加工工艺来进行分类。按照制品用途分类，主要有方便主食如方便面、方便米饭、方便湿面、方便粉丝等；方便辅食如速溶麦片、芝麻糊、米粉、藕粉、红枣羹、油茶等。按照主要原料分类可分为面制品、米制品和其他作物制品。按照加工工艺分类则有脱水干燥工艺类和非脱水干燥工艺类。方便食品具有携带方便、食用迅速等特点，市场前景非常广阔，是未来食品工业中最具发展潜力的行业之一。

有异味的方便面千万不要选

方便面是我国方便食品中的主要产品，我国方便面的生产总量位居世界之首。它是以小麦粉为主要原料，通过油炸或热风干燥脱水，经冷却后包装而得的产品。方便面在食用时只需用开水冲泡 3 ~5 分钟，加入调味料后即可食用，而且风味多样，因此深受人们的欢迎。

安全选购技巧

（1）看产品包装及标识。要选购包装完好、标签标识完整的方便面。

包装破损不仅容易被污染，也会加速食品氧化变质的速度。产品标签标识应包括产品名称、产品类型、净含量、配料表、制造者或经销者的名称和地址、产品标准号、生产日期、保质期及 QS 标志。即使是外包装完整的产品，也要注意查看打开包装后的料包、酱包、蔬菜包等有无破损情况。

（2）注意生产日期。由于方便面产品多数为油炸脱水制成，油脂在保藏温度过高或时间过长等条件下容易酸败及氧化，因此应尽量购买近期生产的产品。

（3）感官品评。在食用前，观察面饼是否呈现均匀的乳白色或淡黄色，有无焦化、变色、霉菌、虫蛀等现象；嗅闻产品时，如有“哈喇味”、霉味和其他异味，说明方便面可能已变质，不宜再食用；产品烹调或复水后，无明显断条、并条，口感不夹生、不粘牙的为合格方便面。

健康提示

方便面最大的缺点是营养成分过于单一，主要以淀粉和脂肪为主，即使加上酱包和蔬菜包中的成分，也不能满足人体所需，因此为保证健康，应注意：

（1）不能将方便面作为正餐长期食用，可以通过添加新鲜的青菜、鸡蛋、香肠、西红柿等，让方便面变得营养更全面。

（2）方便面的面饼和调料包中的盐含量较高，建议少放酱包调料，少喝或不喝面条汤，以有效减少盐的摄入。

漏汁、胀袋的方便米饭不能买

方便米饭是将蒸煮成熟的新鲜米饭迅速脱水干燥而成，具有含水量低（<10%）、常温下可长期储藏的特点。食用时只需加入开水焖泡几分钟即可，因方便卫生、保质期长而且又符合我国传统的饮食习惯，成为仅次于方便面的第二大方便食品。

方便米饭按照加工工艺不同，可分为膨化方便米饭、冷冻方便米饭和干燥方便米饭等；按照包装方式不同，可划分为无菌包装米饭、罐装米饭、蒸煮袋米饭和软罐头米饭等；按照原料和料包风味不同，可分为虾味方便米饭、宫保鸡丁方便米饭和红烧牛肉方便米饭等。

脱水方便米饭的保质期一般为12个月，应在避光、干燥、通风的条件下保存，如果发现有漏汁或胀袋情况，切勿食用。

方便米粉（米线）

米粉、米线在我国是具有悠久生产历史的传统食品，以清爽可口而深受广大群众的喜爱。用传统方法制作的米粉和米线需煮食方可食用，不够方便，难以适应现代快节奏的生活需要，于是便有了方便米粉（米线）。方便米粉（米线）通常是用大米为主要原料，采用磨浆蒸片切条工艺或挤压工艺，经定量、定型烘干、包装等工序制成的免煮条状米粉（米线）产品，并搭配有调味包，具有携带方便、食用快速等特点。

安全选购技巧

（1）要注意其产品标识是否规范，产品标签上应标注食品名称、配料清单、净含量、制造者（经销者）的名称和地址、产地、生产日期、保质期和储藏说明等内容，尤其要查看配料表中食品添加剂的使用情况。

（2）注意查看产品的外观，特别要注意方便米粉（米线）颜色是否过白，打开包装后要闻一下是否有刺鼻的不良异味，以免遭遇"甲醛米粉（米线）"。

案例

黑心米粉

明矾、矿物油（俗称石蜡）、甲醛是传统米粉中潜伏的三大杀手。明矾是传统米粉加工以增强其胶凝度，防止米粉断条、混汤而普遍使用的添加剂，但明矾中含有铝离子，长期过量摄入会影响人体对铁、钙等成分的吸收，导致心脑血管硬化，骨质疏松、贫血，甚至影响神经细胞的发育。不法商贩为了解决传统米粉加工中米粉在生产中吐浆度大，易粘连，难松丝的问题，又在米粉中大量添加工业石蜡，而矿物油里面的多环芳烃是世界卫生组织明确列入致癌目录里面的物质，长期食用必然会诱发各种癌症。甲醛，俗称"吊白块"，它的水溶液就是福尔马林，常用于防腐及漂白，"黑心米粉"中大量使用，一方面能防腐，便于运输、储存，一方面又能将陈化粮做出的发黄米粉起到漂白的作用，使得米粉的外观上更能赢得消费者的喜爱。可甲醛对人体的危害最大，它是属高毒性的物质，在我国有毒化学品优先控制名单上甲醛高居第二位，已经被世界卫生组织确定为强致癌和致畸形物质，具有强烈的致癌和促癌作用，儿童和孕妇对甲醛尤为敏感。

颜色特别亮白的方便粉丝安全系数低

方便粉丝是以薯类、豆类、谷类食用淀粉为主要原料，经加工制成丝状干燥免煮粉丝饼，并配以调味料（包）而成的产品。

安全选购技巧

蚕豆粉丝

红薯粉丝

（1）看包装标识。注意产品包装是否精致美观，不要购买劣质包装或包装有破损的方便粉丝。产品的标签标识应完整详细。

（2）看产品色泽。不同原料生产出来的粉丝其颜色是不一样的：以玉米、小麦制成的禾谷类粉丝、粉条色泽淡黄；薯类粉丝、粉条色泽土黄、暗淡不透明；甘薯粉丝、粉条色泽土黄、暗淡，过滤不净的呈灰锈色；马铃薯粉丝微黄色；木薯粉丝灰白色；绿豆粉丝呈现淡青或灰色。正常粉丝的色泽略微偏黄，接近淀粉原色，颜色特别艳、特别亮白或发乌的粉丝最好不要购买。

（3）看产品质地。可取方便粉丝直接嗅闻，然后将粉丝用热水浸泡片刻再嗅其气味。质量好的粉丝气味和滋味正常，无任何异味。质量差的粉丝常带有霉味、酸味及其他外来滋味，口感有杂质存在，消费者应多加注意。

案例

“吊白块”粉丝

2006年12月，烟台某企业所产龙口粉丝中检出的“甲醛次硫酸氢钠”(俗称“吊白块”)，系以福尔马林结合亚硫酸氢钠再还原制得，它的化学名是甲醛次硫酸氢钠。

吊白块又称雕白粉，原本在印染工业被用作拔染剂和还原剂，生产靛蓝染料、还原染料等。部分违法者将吊白块掺入粉丝、腐竹、面粉、竹笋等食品中，是为了让这些食品更有弹性、色泽更加洁白。吊白块的分解产物之一——甲醛具有凝固蛋白、使蛋白质变性的特点，因此添加了吊白块的粉丝、腐竹等食品的外观和口感都会得到改善，会显得更有“劲道”，更耐咀嚼。而食品的弹性与其蛋白质的含量成正比，因此为了让蛋白质含量较少的食品具有与蛋白质含量高的食品类似的弹性，以提高成品的产量，部分食品生产经营者便在生产过程中大量添加此类化学品，以牟取暴利。吊白块的另一成分亚硫酸氢钠具有漂白食品的作用，因此为了粉丝、白糖、榨菜等的脱色以及馒头的增白，不法生产商会在这些食品中直接、大量地添加吊白块，以提高它们的感官效果。

使用吊白块后，会有相当的甲醛以及亚硫酸盐残留在食品中，甲醛具有神经毒性，且是强致癌物，而亚硫酸盐会破坏维生素B_1，影响人体生长发育，易诱发多发性神经炎，导致骨髓萎缩等症状，具有慢性毒性和致癌性。因此吊白块只可在工业上使用，食品加工上是严禁使用的。国家卫生部《关于禁止在食品中使用非食品添加剂的紧急通知》和《食品添加剂使用卫生标准》均规定严禁在食品中添加吊白块。

食品中的吊白块成分不容易鉴别，只有通过专业检验测试才可以确认,不过普通消费者在选购食品时还是能够尽量避免的。比如粉丝、银耳、腐竹等本身含有自然颜色的食品,如果颜色特别艳、特别亮白或特别发乌,很可能是掺入了吊白块所致,最好不要购买。

味道过浓的麦片很可能有香味添加剂

麦片是以燕麦、大麦、小麦、荞麦、玉米、大米等禾谷类为主要原料制成的即食或加热食用的食品,主要包括两大类:纯麦片和混合型麦片。纯麦片是指单以燕麦、大麦、小麦、荞麦等麦类为原料,加工制成的即食或加热食用的可冲调性定型包装食品;混合型麦片是以燕麦、大麦、小麦、荞麦、玉米、大米等谷类为主要原料,添加(或不添加)奶、植脂末、白砂糖等辅料,加工制成的即食可冲调性定型包装食品。

优质的原味麦片

安全选购技巧

纯麦片从形态上来看是压碎的麦片，基本上没有添加其他成分，会散发出一种淡淡的天然麦香的味道，其蛋白质、纤维、矿物质和维生素含量都是很高的。此外，原味麦片不含白砂糖和盐，更适合老年人和糖尿病人、血脂及血糖偏高的人食用。混合麦片一般添加了米精片、植脂末、麦芽糊精、奶粉、豆粉、核桃、杏仁等。奶粉和豆粉有效地补充了纯麦片的蛋白质含量，植脂末、核桃、杏仁中含有的油脂及米精片、麦芽糊精中含有的碳水化合物则会大大增加能量的摄入，适合儿童和青少年以及对能量有需求的人群食用。市场上出售的大部分速溶燕麦片由于在加工中经过了高温熟化过程，维生素含量已经有所减少。

温馨提示：

味道过浓的原味麦片，很可能是加了香味添加剂。

食用燕麦片一定要避免长时间高温煮，以防止维生素被破坏。生燕麦片需要煮 20 至 30 分钟；熟麦片与牛奶一起煮，只需要 3 分钟，中间最好搅拌一次。

酒类选购篇

不要购买“三无”白酒

中国白酒历史悠久，工艺独特，品种繁多，是中国广阔的地域、气候、原料、水质等诸多因素影响的结果。

安全选购技巧

当前市场上白酒的质量良莠不齐，消费者在选购及饮用白酒产品时，除根据自己的喜好选择之外，还应注意：

（1）看品牌。优先选择大中型企业生产的国家名优产品。名优白酒质量上乘，感官品质、理化指标俱佳，低度化的产品也能保持其固有的独特风格。

（2）看包装。优质白酒用的外包装箱整齐、坚硬，箱内有防震、防撞等间隔材料，箱体图案印制精美，字迹清楚。优质白酒的酒瓶，表面光洁度好，玻璃质地均匀，瓶盖多为铝质扭断式防盗盖或塑盖塑胶套等防伪包装形式。

（3）看标签。根据食品标签标准要求，生产者应当在白酒标签上标注酒名、生产者名称、地址、产品标准号、质量等级、配料表、酒精度、净含量、香型、生产日期、规格和生产许可证编号等，所以不要购买无生产日期、厂名、厂址的白酒产品。

（4）看质量。若白酒产品是无色透明玻璃包装，可把酒瓶拿在手中，将瓶倒置，正常白酒应是无色、透明、无悬浮物和沉淀物。若酒花分布均匀，上翻密度间隙明显，且缓慢消失，酒液清澈，是优质酒；若酒花密集上翻且立即消失，并有明显不均匀的分布，酒液浑浊，则是劣质酒。

消费误区

（1）只买“贵”的。白酒的高价其实多为商家的包装和炒作，其价格和质量并没有必然的联系，没有很高知名度的白酒并不代表其质量不高。消费者应根据自己的购买能力和期望值选购白酒，而不要被外在包装和宣传所迷惑。

（2）只买“陈”的。白酒一般没有保质期。有些白酒如酱香型白酒经过较长时间的贮存，其质量会变得温润醇厚。但一些低度白酒若贮藏时间过长，酒精度会降低，酒味会变淡，挥发损耗也会增大。

（3）不买“勾兑”酒和“调味”酒。实际上“勾兑”和“调味”都是提升白酒质量必不可少的工艺步骤，对白酒的品质可起到“画龙点睛”的作用，并不是劣质酒或假酒的代名词。

健康提示

（1）忌过量饮用。适量饮用白酒能刺激食欲，促进消化液的分泌和血液循环，使人精神振奋。但如果饮用白酒过量会刺激胃粘膜，不利消化，轻者过度兴奋，皮肤充血，意识模糊，控制能力降低；重者出现知觉丧失、昏睡等症状。因此，建议不要过量饮用白酒或酗酒，也不要空腹喝酒、猛饮和快饮。

（2）忌混杂饮用。白酒、啤酒、葡萄酒、果酒等不能混杂饮用，因为各种酒的主要成分都是酒精，人们饮酒后，约80%的酒精由十二指肠的空肠吸收，其余由胃吸收。如单饮白酒，虽然相对而言含酒精度高，但喝的量较少，加上边饮酒、边吃菜，胃内酒与食物混杂在一起，短时间内不能流入十二指肠，这就大大减缓了十二指肠吸收酒精的速度。假如各种酒混杂饮用，由于液体量大增，酒很快就会流入十二指肠中，促使吸收酒精的速度加快，使人易醉、早醉。

(3) 高血压、心脑血管病患者、肝功能不佳或有肝病者禁饮。

孕妇、哺乳期妇女不可饮用白酒。

饮白酒前后不能服用各类镇静药、降糖药、抗生素和抗结核药。

越新鲜的啤酒越好

啤酒是以麦芽、水为主要原料，加啤酒花（包括酒花制品）经酵母发酵配制而成，它的特点是含有二氧化碳，起泡，酒精度也较低。

通常根据生产方式将啤酒分为鲜啤酒、生啤酒和熟啤酒。鲜啤酒是指不经巴氏灭菌或瞬间高温灭菌，成品中允许含有一定量活酵母菌，达到一定生物稳定性的啤酒。因啤酒中保存了一部分营养丰富的酵母菌，所以口味鲜美，但稳定性差，不能长时间存放，常温下保鲜期仅 1 天左右，低温下可保存 3 天左右。生啤酒，也称纯生啤酒，是指不经巴氏灭菌或瞬间高温灭菌，而采用超滤等其他物理方法除菌，达到一定生物稳定性的啤酒，由于经过严格的过滤程序已将杂质去除，所以存放几个月也不会变质。熟啤酒是经过巴氏灭菌或瞬间高温灭菌的啤酒，此类啤酒中的酵母已被加热杀死，不会继续发酵，因而稳定性好，可存放较长时间，用于异地销售。

安全选购技巧

啤酒的品种很多，鉴别啤酒的质量主要是通过观颜色、看泡沫、闻香气、尝味道等来进行分析和判断。

（1）观颜色。国产的啤酒多为淡黄色。优质啤酒清澈透明，呈金黄色。如果酒色浑浊，透明度差，黏性大，甚至有悬浮物，则质量次之。

（2）看泡沫。泡沫是啤酒区别于其他任何酒类和清凉饮料的特殊标志。优质啤酒在瓶盖启开时，能听到爆破音，接着瓶口有泡沫升起，以刚刚溢出瓶口为最好。把啤酒缓缓倒入洁净的玻璃杯内，泡沫涌上杯口，质量好的啤酒泡沫洁白、细腻，持久挂杯，泡沫能持续四五分钟以上，泡沫散后，杯壁仍挂有泡沫；如果泡沫粗大且带微黄，消散快，泡沫不挂杯，质量则差。

（3）闻香气。优质啤酒有浓郁的酒花香和纯净的麦芽香；质量差的啤酒则有生酒花味、老化味、铁腥味、酸味或其他异味。

（4）尝味道。优质啤酒入口感觉酒味醇正清爽，苦味柔和，回味醇厚，有愉快的芳香，并具“杀口力”。“杀口力”是评酒的术语，指酒中的碳酸气对口腔有浓重而愉快的刺激感。如果啤酒中有老熟味、酵母味或者苦涩味，说明质量不好。

（5）看生产日期。与其他酒类不一样，啤酒是越新鲜风味越好，所以选购啤酒要看清其生产日期，必须是在限定保质期内的啤酒。将出厂日期与采购日期对照一下，就知道该酒是否在保质期内了。

健康提示

（1）啤酒是用发酵的谷物制成的，因此含有丰富的维生素 B 族和其他营养成分，并具有一定的热量。酒标上的度数实际为原麦汁浓度，即啤酒发酵进罐时麦汁的浓度。啤酒的酒精度通常只有 3%（体积分数）左右，大量饮用虽然不易醉酒，但容易因能量摄入过多，导致肥胖和“啤酒肚”。

（2）啤酒不宜与其他烈性酒同饮。

选购葡萄酒要小心人工色素

葡萄酒是以鲜葡萄或葡萄汁为原料，经全部或部分发酵配制而成的含有一定酒精度的发酵酒。葡萄酒味道甘甜醇美，营养丰富，还能防治多种疾病，最早盛行于法国，后在欧美和世界各地流行。

葡萄酒有多种分类方法。按酒中的含糖量（以葡萄糖计）进行分类，可将葡萄酒分为干葡萄酒、半干葡萄酒、半甜葡萄酒和甜葡萄酒。干型和半干型葡萄酒含糖较少，舌头几乎尝不出，而且酸度较高，因而相对比半甜型和甜型葡萄酒更涩，会造成口感上的差异。

按葡萄酒色泽分类可分为白葡萄酒、红葡萄酒和桃红葡萄酒。白葡萄酒是用白葡萄或红皮白汁葡萄的果汁发酵而成，颜色从几乎无色到金黄色，分浅黄微绿、浅黄、淡黄和禾秆黄；红葡萄酒是用红葡萄品种或红皮白汁葡萄带皮发酵，或经热浸作用后发酵制成，颜色分紫红、深宝石红和宝石红色；桃红葡萄酒颜色介于红、白葡萄酒之间，有桃红色、玫瑰红色、淡红色和砖红色。

选购注意事项：

面对琳琅满目的葡萄酒产品，除了可根据自己喜好的口味来选择葡萄酒的酒型外，还可采取以下方法关注葡萄酒的质量：

（1）阅读标签。选购红酒时要了解产品标签的内容，包括产品名称、配料表、净含量、纯汁含量、酒精度、糖度、厂名、厂址、生产日期、保质期、产品标准代号等。此外，应尽量选购标注了葡萄品种的纯汁葡萄酒，这样的葡萄酒质量更有保障。

（2）察颜观色。对着光源观察酒的颜色，质量好的葡萄酒应该是通体清亮透明，没有沉淀和浑浊，深颜色的酒可以不透明，但是色泽应自然、悦目，有少量的沉淀是正常现象。如果酒体颜色与酒名不符，没有自然感，或者颜色艳丽，有明显的人工色素颜色，酒体浑浊，没有光泽和亮度，说明酒的质量有问题，应谨慎购买。

（3）闻香品味。葡萄酒是一种发酵产品，它的香气应该包含有葡萄的果香、发酵的酒香、陈酿的醇香，而且这些香气应该平衡、协调、幽雅、令人愉快，口感则应是细腻、柔和，余味绵长。质量差的葡萄酒不具备上述特点，要么有浓烈的水果香（香精）或者酒精味突出，要么酒体单薄没有层次感，要么没有后味。

健康提示

葡萄酒有良好的保健功效，但饮用葡萄酒必须适量和有规律，大量或过量饮用则会适得其反。成年人每天红葡萄酒的饮用量宜在 50～200 毫升之间，在此范围内可因人而异地选择。

如何选购黄酒

黄酒，也称老酒，是中国特有的古老酒种。它是以稻米、黍米等为主要原料，经加曲、酵母等糖化发酵剂酿制而成的发酵酒。黄酒营养丰富而全面的奥秘在于它含有丰富的氨基酸。

黄酒有多种分类方法。按黄酒中的含糖量（以葡萄糖计）进行分类，可将黄酒分为干黄酒、半干黄酒、半甜黄酒和甜黄酒，其含糖量分别为≤15.0 克/升、15.1～40.0 克/升、40.1～100.0 克/升、>100.0 克/升。按产品风格分为传统型黄酒、清爽型黄酒和特型黄酒。按所用的原料分为糯米黄酒、粳米黄酒、籼米黄酒、玉米黄酒、粟米黄酒、黍米黄酒，或统分为稻米黄酒和非稻米黄酒两大类。

安全选购技巧

消费者可从产品名称、含糖量来判别产品的类型，以选择适合自己需要的黄酒。黄酒酒精含量一般为8%～20%（体积分数），由于酒精度低，不足以抑制腐败微生物的生长，尤其在高温季节，黄酒较易发生变质，变质的黄酒会对人体造成危害，购买时更应严格挑选。应在正规的大型商场或超市中购买大型企业或有品牌的企业生产的黄酒。此外，还可从以下几个方面进行鉴别：

（1）看色泽。黄酒色泽一般为橙黄色至深褐色，清澈透明，光泽明亮，无浑浊、无沉淀、无变色现象。

（2）闻香气。黄酒以香气浓郁者为佳，即具有黄酒特有的醇香。

（3）尝滋味。黄酒滋味清凉爽口，甘醇味美，酒味柔和无刺激性，无辛、辣、酸、涩等异味。

案例

黄酒里竟会有黄曲霉素？

黄酒就小菜也已经成国人祖辈沿袭的饮食习惯，可是最近张先生却听说了一件让他非常震惊的事情：当地黄酒厂在2003年酿造的黄酒包括其他加饭酒、花雕酒等等，都是用陈化粮大米所制作的，而陈化粮中含有强致癌物质——黄曲霉毒素，会对人的内脏产生极大伤害，当地工商局已经对该酒厂处罚了40万元。

工商部门接到举报后，冒着大雪连夜展开调查。原来这家黄酒厂从粮食市场竞购了15000多吨的陈化粳稻，加工成陈化粮大米11000多吨，这些陈化粮大米除了390吨作为自用制作酒精外，剩下的用来酿造黄酒。该批陈化粮大米被酿成24000吨黄酒，占该厂全年生产量的80%。按照一斤装瓶的量计算，可装4800万瓶黄酒。这批黄酒早在2004年就已销售一空。这么大批量的问题黄酒流入市场，给消费者带来了极大的危害。

大米一般分为新粮、陈粮和陈化粮三种。当年的大米属于新粮；第一次储存期限超过一年的是陈粮；储存后变质的粮食是陈化粮。陈化粮在储存中会产生黄曲霉毒素。黄曲霉毒素作为霉菌产生的次生代谢产物，被证明对人和动物的肝脏、肾脏等组织和器官具有很大的危害，黄曲霉素B1的毒性是氰化钾的十倍、敌敌畏的100倍，毒性非常强。试验表明，其致癌所需时间最短仅为24周。也正因为此，黄曲霉毒素被我国卫生部门和国际卫生组织列为强致癌物质。食用被黄曲霉毒素污染严重的食品后可出现发热、腹痛、呕吐、食欲减退，严重者在2至3周内出现肝脾肿大、肝区疼痛、皮肤黏膜黄染、腹水、下肢浮肿及肝功能异常等中毒性肝病的表现，也可能出现心脏扩大、肺水肿，甚至痉挛、昏迷等症状。

茶叶及其制品选购篇

茶是全世界最大众化、最受欢迎、最有益于身心健康的绿色饮料。

中国是茶的故乡，也是茶文化的发源地。中国茶叶通常被分为基本茶类和再加工茶类两大部分。基本茶类主要有绿茶、红茶、乌龙茶、黄茶、黑茶、白茶六类；再加工茶类则有花茶和药茶这两类。

染色茶叶其实也不难识别

茶的质量与气候、光照、生长环境有关，高山茶优于低山茶，阳山茶优于阴山茶，头遍茶优于二遍茶。就同一种茶而言，高山茶叶尖，低山茶叶圆；阳山茶叶厚，阴山茶叶薄；头遍茶叶梗圆，二遍茶叶梗扁。

安全选购技巧

茶叶的品质好坏，可以通过色、香、味、形等方面来评价。对于评鉴者来说，通常采用看、闻、摸、品进行鉴别，即看外形、色泽，闻香气，摸身骨，开汤品评。

（1）看外形。从茶叶的外形可以判断茶叶的品质，是因为茶叶的好坏与采摘的鲜叶直接相关，也与制茶工艺相关，这些均反映在茶叶的外形上。如好的龙井茶，外形光滑、扁平、直，形似碗钉；好的珠茶，颗粒圆紧、均匀；条形茶的外形称作条索，以紧细、圆直、匀齐、重实的为好；以粗松、弯曲、短碎、松散的为差；好的功夫红茶条索紧齐，红碎茶颗粒齐整；好的毛峰茶芽毫多、芽锋露等。此外，不得混有异种植物叶，不得含有非茶类夹杂物。

（2）观色泽。不同茶类有不同的色泽特点。绿茶中的炒青应呈黄绿色，烘青应呈深绿色，蒸青应呈翠绿色，龙井则应在鲜绿色中略带米黄色；如果绿茶色泽灰暗、深褐，说明质量不佳。绿茶的茶汤气色应呈浅绿或黄绿，清澈明亮，若为暗黄或混浊不清，则质量不佳。红茶色泽应乌黑油润，汤色红艳明亮，有些上品红茶，其茶汤可在茶杯四周形成一圈黄色的油环，俗称“金圈”；若汤色暗淡，混浊不清，必是下等红茶。乌龙茶则以色泽青褐光润为佳。

现炒绿茶

（3）闻香气。以鼻嗅，新鲜、浓厚纯正为好，淡薄不纯为次，闷焦粗涩者更次，有异味者为劣。各种花茶应有自身独特的正常香气，如茉莉花茶应具有茉莉香气，玉兰、珠兰花茶应具有玉兰、珠兰香气。

（4）尝口味。也可称之为尝滋味。茶叶经沸水冲泡后，大部分可溶性有效成分都进入茶汤，形成一定的滋味。茶叶本身的滋味由苦、涩、甜、鲜、酸等多种成分构成，若成分比例得当，滋味就鲜醇可口。不同的茶类滋味也不一样，上等绿茶初尝时有苦涩感，但回味浓醇，令口舌生津；粗老劣茶则淡而无味，甚至涩口、麻舌。上等红茶滋味浓厚、强烈；低级红茶则平淡无味。苦丁茶入口很苦，但饮后口有回甘。

（5）看叶底。品尝沏过的湿茶叶，用手按，柔软有弹性属于细嫩，板硬无弹性则为粗老。

关于染色茶叶

染色茶叶是将绿茶用一种名叫“油漆绿”（又称美术绿、翠铬绿）的工业颜料染制而成的。该颜料外观色泽鲜艳，呈翠绿色，是一种混合颜料，含有铅、铬等重金属元素。一般用不到一个指甲盖大小的油漆绿，就可以将至少1公斤的茶叶染成绿色。长期饮用这样的茶叶，会对人的肝脏和肾脏造成损害，同时也会对胃肠道、造血器官造成损害。如果用10克这样的茶叶泡水，人体通过茶水就可摄入150微克的铅，而在正常情况下，每个成年男子一天摄入铅的水平应小于82.5微克，可见这种染色茶叶的含铅量严重超标。

根据茶叶制作的国家标准，茶叶不得着色，不得添加任何非茶类物质，当然也绝对不允许添加色素。另外，国标还规定每公斤茶叶里含铅量不得超过2毫克。

那么如何辨别染色茶叶呢？可参照以下简易方法：

1. 观察茶叶的外观色泽。未染色的茶叶色泽较柔和，而用色素染过的茶叶颜色则发青、发黑。

2. 用水泡茶。将茶水静置半小时后观察，未染色的茶叶颜色看上去比较透亮，而染色的茶水颜色暗淡，有污浊感。

健康提示：茶叶虽好，但要根据个人的体质来选择

人的体质分燥热、虚寒，经不同制作工艺加工制作的茶也有凉性、温性之分，所以选择茶叶和饮茶时也要结合个人体质。以下介绍几类代表性茶叶的饮用注意事项。

1. 绿茶

我国大部分名茶都为绿茶，绿茶在我国被誉为“国饮”，因制作工艺

中无发酵环节，所以营养成分较其他茶类高许多。绿茶的最佳冲泡温度是85℃左右。绿茶适合绝大多数人饮用，对身体也很好。但以下几种情况需注意：

（1）忌空腹喝茶。空腹喝茶会稀释胃液，降低肠胃的消化功能。

（2）新茶不宜马上喝。新茶因存放时间短，含有较多的未经氧化的多酚类、醛类及醇类等物质，对人的胃肠黏膜有较强的刺激作用，易诱发胃病，所以新茶宜少喝，存放不足半个月的新茶更应忌喝。

（3）特殊人群要适量。绿茶的叶绿素含量较多，胃溃疡患者不宜饮用；过敏性体质的人每次饮用要适量，饮用过多易呕吐；神经衰弱者和失眠症者临睡前不宜饮茶；正在哺乳的妇女也要少饮茶，因为茶对乳汁有收敛作用。

（4）忌用绿茶服药，忌喝隔夜茶。绿茶中的鞣酸会与很多药物结合产生沉淀，阻碍药物吸收，影响药效。

由于隔夜茶中的维生素已丧失，且茶水里的营养成分会成为细菌、霉菌繁殖的养料，所以不能喝隔夜茶。

对于绿茶的保存也有一定的技巧，读者朋友们可参照以下几条：

（1）防潮湿。绿茶茶叶是一种疏松多孔的亲水物质，具有很强的吸湿还潮性。存放绿茶的相对湿度在60%较为适宜，如果超过70%，绿茶就会因吸潮而发生霉变，产生霉斑，进而酸化变质。

（2）防高温。绿茶茶叶最佳保存温度为0℃～5℃。温度过高，茶叶中的氨基酸、糖类、维生素和芳香性物质会被分解破坏，茶叶的质量、香气、滋味都会有所降低。

（3）避光保存。贮存在玻璃容器或透明塑料袋中的绿茶受日光照射后，阳光会促进绿茶茶叶色素及酯类物质的氧化，将叶绿素分解成为脱镁叶绿素，茶叶的品质也就随之变坏。

（4）忌氧气。绿茶茶叶中的叶绿素、醛类、酯类、维生素C等成分易与空气中的氧结合，氧化后的绿茶茶叶泡出的茶汤色变红、变深，其营养价值也大大降低。

（5）防异味。绿茶茶叶中含有萜稀类化合物，这类物质性质活泼、极不稳定，能够吸收异味，因此，茶叶如果与有异味的物品同时贮存，会吸收异味而且难以去除，进而影响饮用效果。

2. 红茶

红茶经过了萎凋、揉捻、发酵、干燥等制作过程，属于全发酵茶类。由于在加工过程中发生多种氧化化学反应，茶多酚减少了九成以上，产生了茶黄素、茶红素、黄酮类化合物等成分，相对于绿茶来说，刺激性物质略减少，所以红茶汤多呈深红色，苦涩味也明显较少。中医认为，红茶偏温，能暖胃、醒神，还能帮助消化，四季皆宜饮用，但最适合冬天饮用。在饮用红茶时以下情况仍须注意：

（1）餐后不宜马上喝。许多人喜欢在饱餐一顿之后喝些红茶，这样对健康是不利的。因为红茶中的鞣酸会与蛋白质结合生成鞣酸蛋白，此物质有收敛作用，会使肠道蠕动减弱，从而延长食物残渣在肠道内的滞留时间，进而导致便秘，所以，饱餐后最好不要马上喝红茶。

（2）情绪易激动、睡眠状况欠佳和体质较弱的人，晚上以少饮或不饮红茶为宜。喝红茶的时间最好在晚饭之前，尤其对于不常饮茶的人来说，红茶会抑制胃液分泌，妨碍消化，严重的还会引起心悸、头痛等“茶醉”现象。红茶不宜放冷了再喝，以免影响暖胃效果。放置时间不宜过长，以免营养成分含量降低。

3. 乌龙茶

乌龙茶不寒不热，辛凉甘润，是一种中性茶，适合大多数人饮用。因茶叶较粗老，须用100℃的开水冲泡。铁观音属半发酵茶，是乌龙茶中的一种，发酵期短，仍偏寒性，消脂促消化功能突出，而且茶香特别浓郁。但空腹不能喝铁观音，否则易醉茶；不宜饭前、饭后大量饮茶，应在餐后一小时再饮，且不宜过浓；体弱营养不良、贫血患者忌饮茶；尿结石患者忌饮茶；忌睡前饮茶。

4. 普洱茶

普洱茶温和醇厚,有暖胃、降血压、降血脂的作用,长期饮用对减轻动脉粥样硬化和预防心血管疾病有效。普洱茶需即泡即饮,不宜茶水浸泡过久再饮。

保持茶具清洁很重要,饮普洱茶莫忘勤洗杯。

普洱茶宜温饮,不宜烫饮、冷饮;宜淡饮,不宜浓饮。

如何避免买到假冒名茶

西湖龙井、碧螺春、信阳毛尖、君山银针、六安瓜片、黄山毛峰、祁门红茶、都匀毛尖、铁观音、武夷岩茶并称为我国十大名茶,芳名远播,为品茗上选。然而,近年来市场上也出现了很多假冒产品,以下介绍各大名茶的主要特征和鉴别方法供读者朋友参考。

1. 西湖龙井(绿茶)

龙井茶产于浙江杭州西湖区,茶叶为扁形,叶细嫩,条形整齐,宽度一致,为绿黄色,手感光滑,一芽一叶或二叶;芽长于叶,一般长3厘米以下,芽叶均匀成朵,不夹带蒂、碎片,小巧玲珑。龙井茶味道清香,假冒龙井茶则多是青草味,夹蒂较多,手感不光滑。

2. 碧螺春(绿茶)

产于江苏苏州市吴中区太湖之滨的洞庭山碧螺春,银芽显露,一芽一叶,茶叶总长度约为1.5厘米,每500克有5.8万~7万个芽头,芽为白毫卷曲形,叶为卷曲青绿色,叶底幼嫩,均匀明亮。假的碧螺春多为一芽二叶,芽叶长度不齐,呈黄色。

3. 信阳毛尖(绿茶)

产于河南信阳车云山。其茶叶外形条索紧细、圆、光、直,银绿隐翠,内质香气新鲜，叶底嫩绿匀整，青黑色，一般一芽一叶或一芽二叶。假的为卷曲形，叶片发黄。

4. 君山银针（黄茶）

产于湖南岳阳君山。由未展开的肥嫩芽头制成，芽头肥壮挺直、匀齐，满披茸毛，色泽金黄光亮，香气清鲜，茶色浅黄，味甜爽，冲泡后看起来芽尖冲向水面，悬空竖立，然后徐徐下沉至杯底，形如群笋出土，又像银刀直立。假的银针为青草味，冲泡后银针不能竖立。

5. 六安瓜片（绿茶）

产于安徽六安和金寨两县的齐云山。其外形平展，每一片不带芽和茎梗，叶呈绿色光润，微向上重叠，形似瓜子，内质香气清高，水色碧绿，滋味回甜，叶底厚实明亮。假的则味道较苦，色泽较黄。

6. 黄山毛峰（绿茶）

产于安徽黄山。其外形细嫩稍卷曲，芽肥壮、匀齐，有锋毫，形状有些像"雀舌"，叶呈金黄色；色泽嫩绿油润，香气清鲜，茶汤清澈、杏黄、明亮，味醇厚、回甘，叶底芽叶成朵，厚实鲜艳。假的呈土黄色，味苦，叶底不成朵。

7. 祁门红茶（红茶）

产于安徽祁门县。茶颜色为棕红色，切成 0.6 ~ 0.8 厘米长，味道浓厚，强烈醇和、鲜爽。假的一般带有人工色素，味苦涩、淡薄，条叶形状不齐。

8. 都匀毛尖（绿茶）

产于贵州都匀市。茶叶嫩绿匀齐，细小短薄，一芽一叶初展，形似雀舌，长 2 ~ 2.5 厘米，外形条索紧细、卷曲，毫毛显露，色泽绿润、内质香气清、新鲜、回甜，水色清澈，叶底嫩绿匀齐。假的叶底不匀，味苦。

9. 铁观音（青茶）

产于福建安溪县。叶体沉重如铁，形美如观音，多呈螺旋形，色泽砂绿，光润，绿带，具有天然兰花香，汤色清澈金黄，味醇厚甜美，入口微苦，立即转甜，耐冲泡，叶底开展，青绿红边，肥厚明亮，每颗茶都带茶枝。假的茶叶形长而薄，条索较粗，无青翠红边，叶泡三遍后便无香味。

10. 武夷岩茶（乌龙茶）

产于福建崇安县。外形条索肥壮、紧结、匀整，带扭曲条形，俗称“蜻蜓头”，叶背起硅皮状砂粒，俗称“蛤蟆背”，内质香气馥郁、隽永，滋味醇厚回苦，润滑爽口，汤色橙黄，清澈艳丽，叶底匀亮，边缘朱红或起红点，中央叶肉黄绿色，叶脉浅黄色，耐泡 6 ~8 次以上。假的茶叶开始味淡，欠韵味，色泽枯暗。

如何选购茶类制品

茶类制品主要指以各种茶叶为原料制作加工的含茶制品和各种代用茶，如各种花茶（茉莉花茶、珠兰花茶、玉兰花茶、玫瑰花茶）、茶珍、药茶（生姜茶、减肥茶等）等。

1. 茶珍

代表性的茶珍有红茶茶珍、普洱茶珍。茶珍是茶叶的一种加工品，是以纯天然茶叶为原料，通过现代生物科技，将茶叶中的精华成分进行萃取浓缩，再经喷雾干燥而成的纳米级颗粒状固体，是能迅速溶解于水中的一种固体饮品。

2. 代用茶

代用茶不一定有茶的成分，是“茶”概念的一种引申，因此可以称作“非茶之茶”。市场上非茶之茶较多，均不属于茶叶的范畴，它们虽不是茶，但又不能称为假茶，其真正的含义是把植物叶或茎叶加工后当茶泡饮。因此，这些代用茶在广义上便成了茶家族中的“成员”。代用茶具体可分为两大类：一类是具有保健作用的，即“保健茶”，也叫“药茶”，是以某些植物茎叶或花为主体，再与少量的茶叶或其他食物调配而成，如苦荞茶、绞股蓝茶；另一类是当零食消闲用的“点心茶”，如青豆茶、锅巴茶等。

安全选购技巧

以常见的代用茶苦荞茶为例，目前市场上的苦荞茶品牌越来越多，质量可谓良莠不齐，消费者在购买时一定要擦亮眼睛，具体应注意以下几点：

（1）产品外观。优质苦荞茶大小均匀，色泽晶莹；颜色发白或者颜色深浅不一的则为次品。

（2）汤色。优质苦荞茶冲泡汤色黄绿、清澈透亮；如汤色淡白、浑浊，则为次品。

（3）香味。优质苦荞茶无任何添加剂，冲泡时散发自然的荞麦香味；如有其他类型香味或异味则为次品。

（4）冲泡时间。优质苦荞茶耐冲泡，一般能泡 6 遍以上，汤色和香味持续时间均较长；反之则为次品。

冷冻饮品和速冻食品选购篇

冷冻饮品要特别关注生产日期等信息

冷冻饮品是以饮用水、食糖、乳制品、水果制品、豆制品、食用油等中的一种或多种为主要原料，添加或不添加食品添加剂，经配料、灭菌、冷冻而制成的冷冻固态制品。主要包括冰淇淋、雪糕、雪泥、冰棍、甜味冰、食用冰等。

安全选购技巧

丰富多样的雪糕

冷冻饮品是深受消费者喜爱的消暑食品，特别是雪糕类产品更以营养价值较高而广受欢迎。面对琳琅满目的冷冻饮品，在质量问题频发的当下，消费者除了根据喜欢的口味来选购外，还可参考以下几点：

（1）选购有一定规模、产品质量和服务质量较好的名牌企业的产品。

（2）选购包装完整、封口完全的产品，因为产品包装封口不完全，容易造成二次污染，影响产品卫生状况。如果发现其形态曾因融化引起变形（再次冷冻），最好不要购买。

（3）购买时要查看产品包装上的标签标识是否齐全，冷冻饮品的外包装应标明产品名称、配料表、净含量、制造者的名称和地址、生产日期、保质期、贮藏条件和产品标准号等。特别要关注生产日期和保质期以及产品的类型。不要购买无生产日期的产品，因为无生产日期便无法了解产品是否在保质期之内。

（4）质量可靠的冷冻饮品应具有与该品种相适应的悦目色泽，并具有浓郁的奶油味或该品种应有的香味，无刺鼻及异味等，形态应完整、紧密、柔软、细腻、滑润、不变形、不软塌，无明显粗糙的冰晶；包装应清洁完整、美观悦目、便于携带，不破损、封口严密、无渗漏现象。

雪糕与食品添加剂

近年来，有媒体指出雪糕口感越来越好，但食品添加剂越来越多，比如某品牌雪糕中，食品添加剂含量多达 14 种，由此质疑消费者是在吃雪糕还是吃食品添加剂，并称儿童过量食用隐患多多。消息一出，许多家长不敢让孩子吃雪糕，并谴责商家不负责任，甚至有人开始怀念当年只加牛奶、水和白糖的“原生态”雪糕。

其实，早期的雪糕未必像人们想象中的那样安全。在早期的雪糕制作过程中，主要加入水、白糖、牛奶和鸡蛋，不加食品添加剂。早期雪糕吃起来口感硬、不香，容易融化。更重要的是，由于作为原料的鸡蛋易携带沙门氏菌，雪糕在制作过程中容易被污染，人食用了携带沙门氏菌的雪糕会引起腹泻。早期雪糕还时常出现其他细菌超标问题，人食用后容易致病。正是存在这些问题，人们才逐渐将食品添加剂引入雪糕生产，于是便有了卖相好、品种多样、口感香甜的雪糕。

有消费者提出：能否在雪糕加工中减少食品添加剂的种类和数量？实际上，加什么食品添加剂，加多少食品添加剂，并非像人们想象中的那样简单。严格来讲，这是一个工艺问题。例如，冰淇淋、雪糕、冰棒是三种不同类型的产品，存在着配方与工艺差别。冰淇淋对固形物要求较高，必须达到一定标准，那么，就要在冰淇淋中加入增稠剂和乳化剂，这样油和水才不会分离，口感才松软。雪糕和冰棒对固形物要求相对较低，制作时可以少加增稠剂和乳化剂，甚至不加。再比如，在冰淇淋配料中加入的是白砂糖，但在雪糕和冰棒的配料中则可能是甜味剂。加白砂糖可以增加固形物含量。而使用甜味剂，一方面是为了节约成本，另一方面也可以减少小朋友烂牙的几率，满足糖尿病、肥胖症等特殊人群的特殊需求。

还有部分消费者提出：为什么一种雪糕中要加几种增稠剂或甜味剂呢？这种做法属于添加剂的"复配"，可以达到更好的增稠或增甜效果，复配的种类多，并不意味不安全，复配也必须遵守相关规定，并非随意添加。

国家相关部门在制定食品添加剂使用标准时，已经考虑各种食品中使用该种食品添加剂时摄入的总量，即不超过 ADI 值（联合国粮农组织和世界卫生组织制定的每种食品添加剂的每日允许摄入量），并且 ADI 值还有一个 50 ~ 100 倍的安全系数。在制作冰淇淋、雪糕时，最常用的食品添加剂是增稠剂、香精和色素。其中，增稠剂和香精的用量约为雪糕总重量的千分之几，色素为万分之几。通常食品添加剂的实际添加量要小于标准的最大限量。只要按标准使用食品添加剂，就不存在食品添加剂过量使用问题。但如果超范围、超量地使用食品添加剂，虽不一定会给人体带来伤害，却肯定是违反食品安全法的行为，而且其可能带来的危害是不可预测的。

从正规渠道购买的食品添加剂，在使用过程中按规定添加是没有问题的。国标对其最大使用量的规定都是"按生产需要适量使用"，即不限量使用，如雪糕、冰淇淋中使用的增稠剂卡拉胶、黄原胶、果胶，乳化剂单双甘油酯、磷脂等。

市场乱象使人们往往将非法添加和合法的食品添加剂混为一谈。食品添加剂本身并没有问题，但有的生产商把一些不能食用的东西非法添加到食品中，就出现了问题。消费者在购买时一定要注意区别，当然，确保安全的最好的办法就是到正规商场选购。

健康提示:吃冷冻饮品要适量

冷冻饮品清凉爽口,具有独特的风味和口感,但如果食之过多,胃承受的冷量过大,人体不能很快平衡到胃的最低适应温度,胃粘膜及胃壁就会受损。因而吃冷冻饮品要适量,尤其是在短时间内不要大量进食。另外,一次性吃冷食过多后,即使胃能够热平衡,肠道也不一定能平衡,有可能会引起肠鸣,甚至会引起肠道菌体失衡导致腹部不适,严重的会腹泻。

正在长身体的小朋友如果过量吃这些过甜过香的冷冻饮品,会引起挑食、偏食、肥胖等问题,不利于生长发育。

速冻食品就一定安全吗?

速冻食品是将需速冻的食品,经过适当的前处理,通过各种方式急速冻结,经包装储存于 -18℃ ~ -20℃下(一般要求,不同食物的要求温度不同)的连贯低温条件下送抵消费地点的低温产品,其最大优点是完全以低温来保存食品的原有品质,而不借助任何防腐剂和添加剂,同时使食品的营养最大限度地保存下来,因而具有美味、方便、健康、卫生、营养、实惠(错开季节,提升食品值,创造更高效益)的优势。

速冻扇贝

速冻食品主要有速冻米面食品(水饺、包点、汤圆、粽子等)、速冻肉制品(鸡肉、猪肉、牛肉、羊肉等)、速冻水产品(海虾、冻鱼、虾仁等)、速冻农产品（毛豆、花生、芦笋、甜椒、混合蔬菜等）、速冻调理食品这几类。

速食时代，越来越多的美味被“速冻”，越来越多这样的食品被习惯快节奏生活的人所接受，殊不知，这些速冻食品在营养方面和保质期方面也存在一定的问题和隐患。

速冻食品营养价值可能会打折扣。通过急速低温（-18℃以下）加工出来的速冻食品，食物组织中水分、汁液不会流失，而且在这样的低温条件下，微生物基本上不会繁殖，食品的安全有了保证，但食物口感、风味方面的变化却难以避免。而且如果冻结状态保存时间过长，食物中的脂肪会缓慢氧化，维生素也会缓慢分解，所以，速冻食品的营养价值较新鲜的鱼、肉等相比会有所损失。

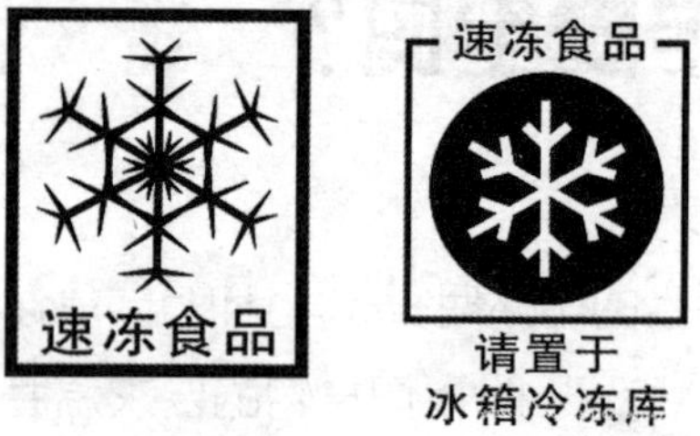

速冻食品和速冻食品保存标志

速冻食品要求生产、运输、保存、销售等各个环节组成的“冷链”始终维持在一定的低温保存条件，否则也可能致其品质和安全存有隐患。比如，某速冻食品在-18℃的保存期为3个月，但绝不意味着在-8℃也能保存3个月。如果出厂后一直保持在-18℃，那么3个月之内可以放心食用，但如果没有一直保存在-18℃，那就不能保证3个月之内不发生质变。因为所有的化学和酶反应速度都受温度的影响，一般来说，温度越低，营养素的分解、风味的损失、脂肪的氧化等速度就越慢，产品的品质也就能更长时间保持稳定。

安全选购技巧

消费者在选购速冻食品时应注意以下几点：

（1）优先选择独立包装、放在冰柜底部的。购买时要到有低温冷柜的大中型超市购买。散装的速冻食品可能便宜，但其保质期、生产厂家等信息都不明确，所以独立包装的更保险。位于冰柜底部的温度比上层的更稳定，存储条件更好，质量更有保证。

（2）购物时最后再买速冻食品。建议到离家最近的超市购买，并安排在购物计划的最后再买速冻食品。回家后，应尽快把速冻食品放入冰箱的冷冻室，并保证温度在－18℃以下。存放时应和其他鱼、肉等生食分开，避免相互间传播细菌。

（3）看厂家、观结霜、察颜色。选择速冻食品首先就是要看品牌。品牌通常是质量和信誉的保证。再看产品新鲜度。包装袋内的结霜状况是重要标准。包装袋上的结晶霜洁白发亮，冻结坚硬的冷冻食品，应该是保存良好的。如果包装内侧严重结霜或速冻食品表面结霜过多发白的，则通常说明该产品的“冷链”断过，是受过热的，新鲜度已打折扣，口味也较差。因此，建议消费者购买速冻食品时最好选择袋无破损、冻品个体间无粘连、表面或包装内无霜或少霜的产品。观察颜色是鉴别速冻食品质量的另一个重要方法。由于速冻食品是在速冻机上以最快的速度和时间通过0℃至－5℃的冰晶带，因此，营养损失最少，口味鲜美，固有的颜色与未速冻前也是一致的。如果产品的色泽发灰、发暗、发黄，说明并非是高质量的速冻食品。

（4）选择生产日期最近的。尽量选择刚出厂的速冻食品，最好是一个月之内的产品。越是含油脂较高的食品，如饺子、汤圆等，越要注意新鲜度。购买回来的速冻食品也不宜长时间存储，因为其品质会逐渐下降。按规定，速冻食品应当保存在－18℃的温度环境当中，保质期为3～6个月，而家用冰箱无法提供稳定的－18℃环境，所以，速冻保质期会大打折扣。据研究测定，食品储存在－2℃～－8℃之间，其维生素的损失速度甚至高于在4℃时。这是由于冷冻使其中的水分结冰，营养物质浓缩，氧化分解的速度比结冰之前加快。所以，购买的速冻食品应当尽快食用。

（5）务必按包装说明蒸煮。生的速冻食品，吃时应按照包装说明蒸煮，以彻底杀死“金黄色葡萄球菌”等致病性微生物，保证食用安全。

2011 年，部分知名品牌速冻水饺相继被检出含有金黄色葡萄球菌（简称金葡菌），不少地方的超市随之撤架，一时间消费者谈之色变。金葡菌主要的致病因素是由金葡菌产生的葡萄球菌肠毒素，毒素的产生和菌量的多少有关，国际公认产生葡萄球菌肠毒素的菌量浓度在10 万个/克以上。金葡菌肠毒素中毒可使人产生剧烈的恶心、呕吐，同时伴有上腹部绞痛、腹泻。严重者可导致虚脱、肠痉挛和严重失水。但病程较短，1 ~ 2天内可恢复，预后一般良好。但金葡菌并不耐热，它的营养细胞壁非常薄，在 80℃ 的开水中煮 5 到 10 分钟就死了。一般煮熟了的冷冻食品中，金葡菌肯定已经死亡。

（6）保留好销售小票和外包装，以便一旦发生问题可及时溯源，妥善处理。

热点话题篇

什么是食品添加剂？

食品添加剂是为改善食品的品质和色、香、味，以及为防腐和加工工艺的需要而加到食品中的化学合成或者天然物质。

食品添加剂的应用开发在国际上由联合国粮食与农业组织（FAO）和世界卫生组织（WHO）加以管理。我国的《中华人民共和国食品安全法》和《食品添加剂使用卫生标准》也对其使用作出了明确的规定。比如，目前执行的《食品添加剂使用卫生标准》（GB2760－2011）规定了我国食品添加剂的使用原则、允许使用的食品添加剂品种、使用范围及最大使用量或残留量；而且添加剂目录本身是动态的，也就是说，我国的食品添加剂管理有一个完善的目录增加和退出机制，每隔一段时间都会进行修订。

为什么要使用食品添加剂？

很多消费者都对为什么一定要使用食品添加剂产生疑问。其实食品添加剂的使用历史已经有几千年了。早在东汉时期，中国人就开始使用盐卤作凝固剂制作豆腐；南北朝时，农业科学家贾思勰在《齐民要术》中记载了天然色素用于食品的方法；南宋开始，一矾二碱三盐的油条配方就有了记载，这时亚硝酸盐也已被用于腊肉生产。可见，从古到今，很多食品的加工制作都离不开食品添加剂。

每个人都希望购买到的食品是安全、营养、美味的，但由于食品本身富含多种营养成分，很多食品的感官品质、营养成分在常温条件下无法长时间保留，极易发生腐败变质，从而导致食品不再安全、营养和美味。微生物的污染是影响食品安全的主要原因之一，由微生物引起的食品安全事件不胜枚举。例如沙门氏菌、肉毒梭状芽孢杆菌、副溶血性弧菌、金黄色葡萄球菌及其肠毒素、阪崎肠杆菌等致病菌及其毒素，它们会引发胃肠道疾病，严重的还会损害肝、脑、肾脏等器官，甚至导致死亡；再如黄曲霉毒素等真菌及其毒素，往往造成人的急性中毒事件，长期摄入更会诱发消化道癌和一些地方病；在食品的原料、生产、储藏和运输中也容易受到微生物的污染。使用食品添加剂中的防腐剂，就能在保证产品质量的同时（最少加工强度），通过抑制微生物的生长繁殖及其毒素产生，有效降低微生物污染引起的食品安全风险，有益于人体健康。

通过食品添加剂中的营养强化剂来补充和平衡膳食营养则是解决营养不良与营养结构失衡的重要手段。营养强化剂可以增加食品中的营养含量，碘化钾就是其中一种，在食用碘盐中适当添加碘化钾，可预防碘缺乏症。

随着生活水平的提高，人们对食物的外观品质、口感品质、方便性、保存时间等方面提出了越来越严苛的要求，生产厂家会想方设法地取悦人们的眼睛和舌头，在食品中添加食品添加剂使得食物越来越好看、越来越好吃。

合理使用食品添加剂可以防止食品腐败变质，保持或增强食品的营养，改善或丰富食物的色、香、味等。只要存在对美味、营养的需求，现代食品工业就不能没有食品添加剂。

三聚氰胺、苏丹红等引发食品安全事件的物质是不是“食品添加剂”？

当前，公众对食品添加剂的认知有明显“污名化”趋势，其中“食品添加剂都是有害的”是最为典型的污名化现象。追根寻源，非法添加物是食品添加剂“污名化”的罪魁祸首。

食品添加剂的使用必须具备三个条件：第一，必要性——食品加工中可不加的就不加，能少加的就少加，如经确定小麦面粉中的增白剂没有必要后我国已规定不得使用。第二，安全性——除了进行充分的科学实验之外，至少有两个发达国家使用后证明安全可靠的食品添加剂，我国才会批准使用。第三，合法性——食品企业只有使用国家批准的食品添加剂才是合法的行为。

非法添加物是向食品中加入的不在《食品添加剂使用卫生标准》及其相关补充公告内容之内的添加物，或虽然在该内容中但超过范围使用或超过限量使用的，也属于非法添加物。比如三聚氰胺，放在建筑用混凝土里是高效减水剂，放在塑料制品里是很好的阻燃剂，但放到食品中就是非法添加物。由此可见，非法添加物与食品添加剂完全不是一个概念，添加非法添加物是有害的不法行为。

回想一下近十几年来发生的各种食品安全事件，如台湾塑化剂事件、瘦肉精事件、染色馒头事件、乳及乳制品三聚氰胺事件、辣椒酱及红心鸭蛋事件、水产品使用孔雀石绿事件、水产品使用福尔马林事件、腐竹使用吊白块事件、挂面添加甲醛事件、毒大米事件、毛发蛋白水解液酱油事件、工业冰醋酸勾兑食醋事件、山西朔州毒酒案等，在这些事件中，出问题的有塑化剂、瘦肉精、着色剂、三聚氰胺、苏丹红、孔雀石绿、福尔马林溶液、吊白块、甲醛、硅油、毛发蛋白水解液、工业冰醋酸、甲醇等 13 种物质，而其中仅着色剂是食品添加剂，其余全是非法添加物。这一系列事件中仅染色馒头事件属于食品添加剂（着色剂柠檬黄）的滥用，其余全是非法添加或使用非法添加物而造成的恶性事件。前已述及，严格地说，食品添加剂超过限量使用的，也属于非法添加物。然而，一提起食品安全事件，许多人会责怪食品添加剂，这是一个误区，我们应当正确认识食品添加剂，将其与非法添加物区别开来。

“非法添加物”和“食品添加剂滥用”可能存在于哪些食品中？

为严厉打击在食品生产经营中违法添加非食用物质、滥用食品添加剂以及在饲料、水产养殖中使用违禁药物，卫生部、农业部等部门不断更新非法使用物质名单，至今已公布 151 种食品和饲料中非法添加物，包括 47 种可能在食品中“违法添加的非食用物质”和 22 种“易滥

用食品添加剂”的名单（见表 1、表 2）。随着社会发展和科技进步，这些名单还会不断更新。

表 1　食品中可能违法添加的非食用物质名单

序号	名称	可能添加的食品
1	吊白块	腐竹、粉丝、面粉、竹笋
2	苏丹红	辣椒粉、含辣椒类的食品
3	王金黄、块黄	腐皮
4	蛋白精、三聚氰胺	乳及乳制品
5	硼酸与硼砂	腐竹、肉丸、凉粉、凉皮、面条、饺子皮
6	硫氰酸钠	乳及乳制品
7	玫瑰红 B	调味品
8	美术绿	茶叶
9	碱性嫩黄	豆制品
10	工业用甲醛	海参、鱿鱼等干水产品、血豆腐
11	工业用火碱	海参、鱿鱼等干水产品、生鲜乳
12	一氧化碳	金枪鱼、三文鱼
13	硫化钠	味精
14	工业硫磺	白砂糖、辣椒、蜜饯、银耳、龙眼、胡萝卜、姜等
15	工业染料	小米、玉米粉、熟肉制品等
16	罂粟壳	火锅底料及小吃类
17	革皮水解物	乳与乳制品 含乳饮料
18	溴酸钾	小麦粉
19	β-内酰胺酶（金玉兰酶制剂）	乳与乳制品
20	富马酸二甲酯	糕点
21	废弃食用油脂	食用油脂
22	工业用矿物油	陈化大米
23	工业明胶	冰淇淋、肉皮冻等
24	工业酒精	勾兑假酒
25	敌敌畏	火腿、鱼干、咸鱼等
26	毛发水	酱油等
27	工业用乙酸	勾兑食醋
28	肾上腺素受体激动剂类药物（盐酸克伦特罗，莱克多巴胺等）	猪肉、牛羊肉及肝脏等
29	硝基呋喃类药物	猪肉、禽肉、动物性水产品
30	玉米赤霉醇	牛羊肉及肝脏、牛奶
31	抗生素残渣	猪肉
32	镇静剂	猪肉
33	荧光增白物质	双孢蘑菇、金针菇、白灵菇、面粉
34	工业氯化镁	木耳
35	磷化铝	木耳
36	馅料原料漂白剂	焙烤食品

续表

序号	名称	可能添加的食品	序号	名称	可能添加的食品
37	酸性橙Ⅱ	黄鱼、鲍汁、腌卤肉制品、红壳瓜子、辣椒面和豆瓣酱	41	孔雀石绿	鱼类
			42	乌洛托品	腐竹、米线等
			43	五氯酚钠	河蟹
38	氯霉素	生食水产品、肉制品、猪肠衣、蜂蜜	44	喹乙醇	水产养殖饲料
			45	碱性黄	大黄鱼
39	喹诺酮类	麻辣烫类食品	46	磺胺二甲嘧啶	叉烧肉类
40	水玻璃	面制品	47	敌百虫	腌制食品

表 2　食品中可能滥用的食品添加剂名单

序号	食品种类	可能易滥用的添加剂	序号	食品种类	可能易滥用的添加剂
1	渍菜（泡菜等）、葡萄酒	着色剂（胭脂红、柠檬黄、诱惑红、日落黄）等	7	馒头	漂白剂（硫磺）
			8	油条	膨松剂（硫酸铝钾、硫酸铝铵）
2	水果冻、蛋白冻类	着色剂、防腐剂、酸度调节剂（己二酸等）	9	肉制品和卤制熟食、腌肉料和嫩肉粉类产品	护色剂（硝酸盐、亚硝酸盐）
3	腌菜	着色剂 、防腐剂、甜味剂（糖精钠、甜蜜素等）	10	小麦粉	二氧化钛、硫酸铝钾
4	面点、月饼	乳化剂（蔗糖脂肪酸酯等、乙酰化单甘脂肪酸酯等）、防腐剂、着色剂、甜味剂	11	小麦粉	滑石粉
			12	臭豆腐	硫酸亚铁
			13	乳制品（除干酪外）	山梨酸
5	面条、饺子皮	面粉处理剂	14	乳制品（除干酪外）	纳他霉素
6	糕点	膨松剂（硫酸铝钾、硫酸铝铵等）、水分保持剂磷酸盐类（磷酸钙、焦磷酸二氢二钠等）、增稠剂（黄原胶、黄蜀葵胶等）、甜味剂（糖精钠、甜蜜素等）	15	蔬菜干制品	硫酸铜
			16	“酒类”（配制酒除外）	甜蜜素
			17	“酒类”	安塞蜜
			18	面制品和膨化食品	硫酸铝钾、硫酸铝铵

续表

序号	食品种类	可能易滥用的添加剂	序号	食品种类	可能易滥用的添加剂
19	鲜瘦肉	胭脂红	22	烤鱼片、冷冻虾、烤虾、鱼干、鱿鱼丝、蟹肉、鱼糜等	亚硫酸钠
20	大黄鱼、小黄鱼	柠檬黄			
21	陈粮、米粉等	焦亚硫酸钠			

食品添加剂到底有没有毒？

其实世界上所有的物质毒性都是相对而言的，同一种化学物质，由于使用剂量、对象和方法的不同，毒性也不同。例如，亚硝酸盐对正常人是毒性物质，但对氰化物中毒者来说却是有效的解毒剂；纯水被大家公认为是无毒的，但真的有人因大量饮用水而造成肾衰竭死亡。所以一种物质无论毒性大小，都对人体有一定的剂量—效应关系，就是我们常说的剂量决定毒性的原理，也就是食品添加剂之所以要规定最大使用量和使用范围的原因。

凡作为食品添加剂的物质，都要经过安全性风险评估，包括动物毒理学研究，进行一系列安全性试验，如急慢性毒性、致畸、致癌、致突变和遗传毒性、生殖和发育毒性试验。再用毒理学试验获得的数据来计算安全水平与试验动物存在的合理可比的阈剂量值。因此，回答“食品添加剂到底有没有毒”的问题就是两句话：“按标准使用没有毒，不按规定使用就可能有毒。”

天然的食品添加剂是不是一定比化学合成的安全？

人们往往认为天然的食品添加剂比人工化学食品添加剂合成的安全，其实不是，因为许多天然产品的毒性因目前的检测手段、检测内容所限，尚不能做出准确的判断。而且，就已检测出的结果比较，天然食品添加剂并不比合成的毒性小。在最不安全的 C 类添加剂中，也有不少天然食品添加剂，因此毒性的大小与是否合成或天然的添加剂无关，不要凭自己主观想象，认为天然一定比合成的安全。比如天然姜黄素的每日允许摄入量为 0.1 毫克/每千克体重，就小于合成色素柠檬黄的 7.5 毫克/每千克体重，所以一样是黄色，天然姜黄素要比合成色素柠檬黄毒性大；还有天然的胭脂树橙色素每日允许摄入量为 0.65 毫克/每千克体重，远远不如亮蓝（每日允许摄入量高达 12.5 毫克/每千克体重）的安全性高；天然的斑蝥黄原定每日允许摄入量为 0.05 毫克/每千克体重，因发现其能沉积在视网膜上而取消了每日允许摄入量，成为毒性更大的一个添加剂种类。

不过，虽然天然色素未必一定比合成色素安全，但是从整体上来说，天然色素是比合成色素安全的，由于天然色素是从动植物中提取的，有的还含有营养，所以从追求健康的角度来说，天然、安全、有效、有生理功能是着色剂产业的全球发展趋势。

为什么儿童尤其要当心食品添加剂摄入过多？

儿童每天允许摄入添加剂的绝对值是成人的一半左右，同样喝一瓶饮料，儿童喝下的添加剂实际上占每天允许限量的比值是成人的一倍左右，所以儿童要特别小心添加剂。一项有关我国儿童膳食中食品添加剂摄入情况的调查研究显示，大部分中国儿童的苯甲酸钠摄入量已经接近规定的每天允许摄入量了，其原因一方面是儿童允许的摄入量绝对值小，比如一名10岁儿童体重26公斤，那他每天允许的苯甲酸钠摄入量＝体重×每天允许的摄入量＝26公斤×5毫克/公斤＝130毫克，如果他一天喝一瓶150克（150毫升左右）的苯甲酸钠含量为1000毫克/公斤的果蔬汁饮料或果味饮料，虽然这种饮料的苯甲酸钠含量是合格的，他喝下的苯甲酸钠却可能有150毫克，已经超过他一天的限量。如果他还可能吃其他含防腐剂的食品，超量就更严重。

另外，还要警惕防腐剂可能有滥用问题。食品中过量的添加剂会对儿童的生长发育和身心健康造成不利影响，儿童尤其是婴幼儿的免疫系统发育尚不成熟，肝脏的解毒能力较弱，极容易对食品中的添加剂产生过敏反应。目前世界上一些发达国家对于儿童食品的安全问题相当关注，并在不断完善有关法规制度来保障儿童的健康安全。

过量的防腐剂尤其对孩子的肝肾器官有损害，因此年轻的父母千万要注意管好小孩子的嘴，别让孩子把可乐或含有防腐剂的果味饮料当水解渴，时间长了，对孩子生长发育肯定不利。可乐中还含有食品添加剂磷酸，大量磷酸的摄入会影响钙的吸收，引起钙、磷比例失调，一旦钙缺失，对于处在生长过程中的少年儿童身体发育损害非常大。

果冻香甜可口，是很多孩子爱吃的食品，在历次果冻质量抽查中发现有少数果冻产品中被加入了大量的甜蜜素，这样的产品会危害孩子的健康。提醒家长，不要让孩子吃太甜的果冻，对糖果、蜜饯等含防腐剂、色素、甜味剂的食品也要控制数量。家长在买儿童食品时宜多看看标签，留意是否有防腐剂、色素、甜味剂等，婴幼儿食品中是否有氢化油脂、辐照食品原料等。

如何避免摄入过多的食品添加剂？

长期、集中、频繁地大量食用含有某种或某些食品添加剂的食物，或者在膳食中的摄入量过大，或者各种食品添加剂之间的相互作用，都有可能带来副作用，尤其是对于生理功能尚未完全发育成熟的儿童。那么，生活中应该如何避免摄入过量的食品添加剂呢？笔者建议应注意以下几点：

（1）不偏食，避免暴饮暴食。如果偏食，选择的食物种类少，相对食用的食品添加剂种类集中，会导致这些食品添加剂摄入量过大。同理，暴饮暴食一样会造成某种或某几种食品添加剂摄入量过大。

（2）宜选择接近天然形态的食品。购买食物时要选择正规产品，不要过分追求漂亮的颜色、浓重的香味和迷人的口感，尽量选择接近天然形态的食品。在选购食品时，注意防止异常的“鲜、甜、艳、白”，不能只图好看、鲜艳。

（3）减少去饭店用餐的次数。多在家就餐，不要过度依赖加工食品和快餐食品。

对食品添加剂，应当心平气和地接受，肯定它们对食品的安全、美味和方便所做的贡献，但应当避免陷入过度追求口感、颜色、味道的误区，接受食品的天然特性，重视食品的自然品质，明智地选择食品。

什么是转基因食品?

转基因技术是指利用分子生物学技术,将某些生物(动物,植物,微生物)的基因或改变的基因转移到其他物种中去,使其性状(营养物质,消费品质),向人们所需要的目标转变。以转基因生物为食品或以其为原料加工成的食品称为转基因食品。转基因技术在食品工业上的应用包括改造食品微生物,改善食品原料的品质,改进食品生产工艺,生产食品添加剂及功能性食品。

转基因食品有哪些?

目前,转基因食品大体上可分为四类:

(1) 转基因植物食品(如转基因玉米、大豆、土豆、西红柿、香蕉、苹果、菠菜等)。主要目的是提高产品质量,抗病虫害,提高农业效益。

(2) 转基因动物食品(如转基因鱼、肉类等)。其目的是获得风味和营养价值符合消费者需要的食品。

(3) 转基因微生物食品(如转基因酵母生产出来的食品)。即利用转基因微生物发酵而得到葡萄酒、啤酒、酱油等食品。

(4) 转基因特殊食品。即利用生物遗传工程,将普通的蔬菜、水果、粮食等变成能预防疾病的"疫苗食品"。如将能预防霍乱的抗病基因转入苜蓿植物中,小白鼠食用后,其抗病力大大增强。随着科技的不断进步,越来越多的抗病基因可以被转入植物,人们可以在品尝鲜果美味的同时，达到防病之目的。

转基因食品安全吗？

对转基因食品的安全性评价主要包括环境安全性、食用安全性两方面。转基因食品评价的基本原则是以科学为基础，实质等同性，个案分析，逐步完善。

环境安全性指转基因引发植物致病的可能性，生产竞争性的改变，基因漂流至相关物种的可能性，演变成为杂草的可能性，以及对非靶生物和生态环境的影响等。转基因食品的环境安全潜在风险包括可能使杂草增多，对非目标生物的伤害，产生新的作物害虫而使杀虫剂增加，破坏生态（破坏生物多样性），产生新病毒等。

玉米

黄豆

转基因食品的食用安全性主要包括营养成分、抗营养物质、毒性、致敏性和致畸性等。目前普遍公认的食用安全性评价原则是经济合作与发展组织（OECD）1993 年提出的“实质等同性”原则。通过对转基因食品中的各种主要营养成分、主要的营养拮抗物质、毒性物质及过敏性成分等物质的种类与含量进行分析测定，并与对应的传统食品进行比较，如果两者之间无差异，则认为转基因食品与传统食品在食用安全性方面具有实质等同性，不存在安全性问题。比如转基因羊乳汁中含有的人类凝血因子经鉴定和其他方法生产的是同一种物质，那么就可以放心地食用了。但是，如果转基因产品与传统产品存在不等同性，就必须进行严格的安全性评价。这主要考虑是否含有有毒物质和过敏源，要求认真研究所转入基因，确认对人、畜无毒，不形成过敏源。根据"实质等同性"原则，转基因食品安全性分成三个等级：Ⅰ级，该安全级别的转基因食品其成分、营养价值、体内代谢途径、杂质水平和传统食品相同，或变异在已知的范围内，这类食品无需做进一步的分析评价。Ⅱ级，与传统食品极其相似，但产生或缺少某个新成分或特性，对不同成分或特性应做进一步的分析评价。Ⅲ级，该安全级别的转基因食品与传统食品既不相同也不相似，需要做广泛的营养学和毒理学评价。由此可见，转基因食品的风险是可以进行人为控制的。

转基因是一项技术，本身是中性的，不能笼统地说安全或不安全，只有在用其所长的同时加强监管，才能确保生物安全和人类安全。当前围绕转基因的争论由学术界蔓延到全社会，在信息极度不对称的背景下，转基因技术被妖魔化或误解，体现的是人们对科技力量的深层次恐惧。要消解这样的认识鸿沟，公开转基因利弊真相、保障消费者的知情权和选择权也许是最好的选择。

转基因食品有哪些标志管理办法？

由于转基因食品在安全上的潜在风险，各国都制定了相关法律法规，防止或减少其对人类和环境可能构成的威胁。同时，为了维护消费者的合法权益，各国也制定了有关标志管理的办法。2000 年签署的《生物安

转基因产品标志

全议定书》中就明确规定了消费者对于转基因食品的知情权。

当前，不同国家基于对转基因食品安全性的不同认识以及经济、贸易的考虑，对转基因食品的标志采用不同的管理方法。按照法律的约束性，转基因食品的标志管理分为义务标志（强制执行）和自愿标志两种方法。

中国采取的是义务标志法，国家农业部于2002年1月颁布了《农业转基因生物标志管理办法》，要求在2002年3月20日后对列入农业转基因生物标志目录的农业转基因生物实施强制性标志，未标志的不得销售。中国卫生部颁布的《转基因食品卫生管理办法》要求2002年7月1日后“以转基因动植物、微生物或者其直接加工品为原料生产的食品和食品添加剂”必须进行标志。2005年10月1日起，食品标签国家标准《预包装食品标签通则》（GB7718－2004）和《预包装特殊膳食用食品标签通则》（GB13432－2004）正式实施。新国家标准规定转基因食品应明确标注。凡列入农业部发布的《农业转基因生物标志管理办法》的食品，必须在标签上标注“转基因食品”。比如以转基因大豆为原料制取的食用油，其标签上应标有“转基因大豆油”字样。

怎样辨识是否为转基因食品？

作为普通消费者，要想辨识食品是否为转基因食品，可以参考以下几点：

（1）看产品的来源地。如果不愿选用转基因食品，建议尽量避开那些大量生产转基因食品的国家和地区。美国最早进行转基因食品研究，阿根廷是第二个采用转基因技术的国家，加拿大转基因农业生产发展迅速,此外,还有澳大利亚等也是转基因技术应用较多的国家。

(2)看产品的外包装标注内容中是否有转基因提示或标志。当前市场上在售的调和油和大豆油大都采用转基因大豆为原料,但相对非转基因的“高调”,转基因字样比较难找,需要细心辨识。诸如“本品大豆加工原料为转基因大豆”或者“本品菜籽油加工原料为转基因菜籽”的小字。一般会隐藏在桶身标签下方一堆密密麻麻的文字说明中。

(3)看检测报告。如今像大豆、玉米等产品,是能够通过检测来鉴定是否为转基因的,因此可查看产品的检测报告。

(4)关注权威发布。建议多加了解普遍存在的转基因作物、原料及产品,以及未开展转基因研究的非转基因作物或原料及产品,以便能够根据自己的需要合理选择。

转基因食品鉴别常识

1. 大豆

非转基因大豆为椭圆形状,有点扁。肚脐为浅褐色。豆粒大小不一。打出来的豆浆为乳白色。

转基因大豆为圆形,滚圆。肚脐为黄色或黄褐色。豆粒大小差不多。打出来的豆浆有点黄,用此豆制作的豆制品都有点黄色。

最简单易行的检验方法是:转基因大豆不会发芽,所以可以用水检测是否为转基因大豆。本土大豆用水浸泡三天会发芽,而转基因大豆不会发芽,只不过是个体膨胀而已。

2. 胡萝卜

非转基因胡萝卜:表面凸凹不平,一般不太直,从头部到尾部是从粗到细的。且头部是往外凸出来的。

转基因胡萝卜:表面相对较光滑,一般是直的,它的尾部有时比中间还粗,且头部是往内凹的。

注:胡萝卜只有在秋冬季节有,夏季的上市的胡萝卜是转基因的可能

性较大。

3. 土豆

非转基因土豆的样子比较难看，一般颜色比较深，表面坑坑洼洼的，同时表皮颜色不规则，削皮之后，其表面很快会颜色变深，皮内为白色。

转基因土豆的表面光滑，坑坑洼洼很浅，颜色比较淡。削皮之后，其表面无明显变化。

检验方法：先削皮后看变化，再决定是否食用。

4. 玉米

转基因玉米：甜脆，饱满，体形优美，头颗粒尾差不多。

5. 大米

对形状细长的很亮的大米可以多加注意，这类大米有一部分是转基因的，而且很容易与东北的“长粒香”大米混淆。买的时候一定要看清原产地。

6. 西红柿

转基因西红柿：颜色鲜红很好看，果实较硬，不易裂果。

7. 其他鉴别方法

看进口水果的标签。一般来说，在标签的最下方一般印有出口国的名称，中间的英文字母标明水果的名称，最上方的英文字母标识的是出口企业的名称。在每个标签的中间一般有 4 位阿拉伯数字：3 字开头的表示是喷过农药；4 字开头的表示是转基因水果；5 字开头的表示是杂交水果。

什么是有机食品？

有机食品是指来自于有机农业生产体系的食品，即根据有机生产要求和相应的标准生产加工，并经独立的有机食品认证机构审查，达到有机食品生产要求的一切农副食品，包括粮食、蔬菜、水果、奶制品、禽畜产品、蜂蜜、水产品、调料等。

有机食品在生产和加工过程中必须严格遵循有机食品生产、采集、加工、包装、储藏，运输标准，禁止使用化学合成的农药、化肥、激素（生长调节剂）、抗生素、食品添加剂、防腐剂等人工合成的化学物质，禁止使用基因工程技术及该技术的产物及其衍生物，禁止辐照处理。有机食品在生产过程中对每一环节都有严格要求，比较天然，对环境更友好，因此生产成本较高，产量也较少。

有机食品标志

从理念上来讲，最早开始提出有机农业的初衷是从环境、生态、可持续发展的角度，而不是现在更多提到的食品安全的角度。有机农业由于生产方式的不同，会对终产品质量安全产生一定影响，对降低产品农药、兽药残留会有比较大的帮助，但在重金属、卫生指标方面的贡献有限。发展有机产业最大的贡献应该是生态环境的改善、促进农业可持续发展和实现农民增收。

有机食品和有机产品、绿色食品、无公害食品是什么关系？

有机食品是有机产品的一类，有机产品还包括棉、麻、竹、服装、化妆品、饲料（有机标准包括动物饲料）等“非食品”。目前我国有机产品主要是包括粮食、蔬菜、水果、奶制品、畜禽产品、水产品及调料等。

无公害农产品是指产地环境、生产过程和产品质量符合国家有关标准和规范的要求，经认证合格获得认证证书并允许使用无公害农产品标志的未经加工或者初加工的食用农产品。无公害农产品生产过程中允许使用农药和化肥，但禁止使用国家禁止使用的高毒、高残留农药。

绿底白标志为A级绿色食品　白底绿标志为AA级绿色食品

两种等级的绿色食品标志

无公害农产品标志

绿色食品是指产自优良生态环境、按照绿色食品标准生产、实行全程质量控制并获得绿色食品标志使用权的安全、优质食用农产品及相关产品。绿色食品认证依据的是农业部绿色食品行业标准。绿色食品在生产过程中允许使用农药和化肥，但对用量和残留量的规定通常比无公害标准要严格。绿色食品分 A 级和 AA 级两个等次。A 级绿色食品产地环境质量要求评价项目的综合污染指数不超过 1，在生产加工过程中，允许限量、限品种、限时间的使用安全的人工合成农药、兽药、鱼药、肥料、饲料及食品添加剂。AA 级绿色食品产地环境质量要求评价项目的单项污染指数不得超过 1，生产过程中不得使用任何人工合成的化学物质，且产品需要 3 年的过度期。

有机食品、绿色食品、无公害农产品都是安全的有营养的食品，都符合一定的标准，都必须经过认证机构认证并取得标志后上市。有机食品更注重于来自可持续发展的有良好生态环境的有机农业生产体系；无公害农产品是为确保餐桌安全而采取的一种政府行为，带有普及性和群众性。在层次上，有机食品高于无公害农产品。AA 级绿色食品类似于有机食品，A 级绿色食品趋向于无公害农产品。

通过外观和口感能识别出有机食品吗?

有机食品强调的主要是食品的安全性,而并非营养价值。例如,有机蔬菜和普通蔬菜的区别是在栽培方法上,它们最大的不同就是有机蔬菜使用自然肥料,在一定程度上可减少对环境的污染以及土地的浪费。但是从安全和营养方面上看,它和普通蔬菜没有很大区别。有机食品同传统食品相比,二者的具体差异实际上是体现在微量营养素上,例如铜元素、铁元素、锰元素以及叶酸。有机食品中农药和化肥的残留量大大低于普通食品,因此有机食品相对普通食品受到的污染更少。有机食品和普通食品在外观上没有明显区别,有时有机食品卖相甚至还要差一些。尽管一些研究人员和消费者认为有机方式生产的食品在口感和营养方面比普通食品要好得多,但目前还没有这样的感官指标能区分出有机食品和普通食品。

如何选择有机食品

要选购到真正的有机食品,可参考以下建议:

(1) 由于有机食品价格较高,并且认证、质量控制程序较复杂,因此有机食品与普通食品的营销渠道也存在不同。建议到有机产品专卖店、大型商场或超市购买有机食品,尽量不要到农贸市场、批发市场或在不可信的网站购买。

（2）消费者在购买有机食品时，要认准标识，辨别产品真伪，要仔细查看有机食品的标识是否规范，以及标注认证机构的标识或名称，在国家认监委“中国食品农产品认证信息系统”（http://food.cnca.cn）中查询该产品的有机码对应的产品信息，即可判定所购买的是否真正的有机食品。也可向销售单位索取认证证书、销售证等证明材料，查看所购买的有机食品是否在证书列明的认证范围内。

（3）有机食品虽然是在不添加农药和生长剂的环境下生产的，但仍要注意虫卵和寄生虫问题，食用前一定要仔细清洗。